意識は消えない

大切なひとを喪ったあなたへ

百木　薫
Momoki Kaoru

たま出版

東日本大震災で逝かれた多くの方々の御霊と、親愛なる姉、ルミ子に捧げる

プロローグ

私たちは人間という形で命を授かり、この世に生まれてきました。それぞれの人が今の年齢に至るまで、さまざまな経験を積み重ねてここまでたどり着いたのです。それは幸せな時ばかりではありませんでした。つらいことも、苦しいことも、たくさんありました。時には人に馴染《なじ》めなかったり、うまく振る舞うことができず、いじめられたりもしました。社会に出るために厳しい競争にさらされ、時に挫折も経験しました。何をやってもうまくいかず、いったい自分は何のために生を受けたのか、苦しむために生まれてきたのではないかと、一番の不幸者であると思い込むこともありました。

もちろん楽しいこともたくさんありました。両親をはじめ、多くの人に愛され、慈しまれ、優しく抱いてもらいました。人を好きになったり、好きになってもらったり、お互いの心が通じ合う幸せも知りました。やがて唯一の伴侶と出会い、愛を育て、いとおしくもかわいい子どもたちに囲まれ、かけがえのない時間を過ごすことができました。それは当たり前のように、幸せな時間でした。

私たちは家族との間に、時に行き違いがあったとしても、家族と一緒に過ごす、そのかけがえのない時間を一番大切に思っています。自分は一人で生きているわけではない、大切なひとがいてくれるからこそ自分も生きてゆける、そのことを知っているからです。

その大切なひとを喪《うしな》うということ。それは想像を絶することです。実際に体験しなければ、その真の気持ちは解《わか》らないことでしょう。もともとが、そんなことが自分の身の上に起こるなどと考えていません。けれども、この世で生きているすべての人に、そのようなことが思いもかけず突然降り掛かる可能性が、間違いなくあるのです。

そんなことに見舞われたら、それはとてもつらいことです。大切なひとは、なぜ命を失わなければならなかったのか。なぜ、自分の大切なひとなのか。自分の何がいけなかったのか。もっとしてあげられることがあったと思う。せめてもう一度だけでいいから会って気持ちを伝えたい。大切なひとが、いつも頭から離れることはありません。いつもです。せめて夢でもいいから会いたい、会って話がしたい、心の底からそう願います。けれども、思うように夢を見ることはできません。

大切なひとは、いったいどこへ行ってしまったのでしょうか。亡くなった人は、それぞれが肉体とともに持っていた個性的な意識と一緒に、一切が無に帰して、心を伝えることもできないのでしょうか。現代科学は、人は死んでしまったらそれまでであり、意識は消え、存続することはないといいます。けれどもそれは、科学の手法で、客観的に意識が存続することを示すことができないためです。

だから安心してください。現代科学の見解は、結論ではありません。当たり前のことですが、科学は世の中のしくみについて、すべてを解明しているわけではありません。まだ発展途上です。ですから、現代科学による「人が死ぬと意識もなくなる」との見解は、「意識がなくならないことを科学的に証明することができない」と言っているのにすぎないのです。つまり、科学がもっと進歩したとき、人は死んでも意識は消えないこと、言い換えれば、人間の「たましい」といえるものが存在することが科学的に立証される可能性もあるということなのです。

この世の中のしくみはどうなっているのかを考えるとき、異なる二つの世界観がありま す。一つは、世界はすべて物質に還元できる、物質以外の世界は存在しないとする「一元論」の立場です。もう一つは、世界は物質だけで成り立っているわけではなく、物質の世界の向こう側に精神の世界、あるいは「たましい」の世界が広がっていて、そちらがより本質的な世界であるとする「二元論」の立場です。

実際、世の中には現代科学の理論だけでは説明できないさまざまな事象があります。その事実を前提として、本書は「二元論」の立場に立ち、科学的な視点で、亡くなった人のこころ・意識が消えることなく、まだ私たちが知ることのない世界で生き続けている可能性について検証を重ねていきます。

あなたの大切なひとは、なぜ死を迎えなければならなかったのでしょうか。この問いかけは、あなたの大切なひとが、なぜ生きたのかという問いかけと同じです。生きていなければ、死を迎えることはできないからです。生きることは死ぬこと、つまりは、死ぬことは生きること、それは一つの真理であると思います。

「因果の法則」をご存じでしょうか。結果があれば、作用としての原因があるという自然の法則のことです。ここでこの法則を持ち出せば、大切なひとが死を迎えなければならなかった原因は何かという意味で、「因果の法則」を考えるのが普通なのかもしれません。けれどもここでは、原因としての「死」を出発点として、それを「作用」と捉えたとき、「結果」はどうなるのかと考えます。「死」という作用には必ず「結果」が伴うと考えるということです。

予期しない病気や事故、災害に巻き込まれて命を終えなければならなかった人は、大変な経験を強いられます。肉体的な痛みや苦しみ、目前に迫っている「死」という得体《えたい》のしれないものに対する恐怖、そのような人生最大の厳しい状況を経験するということに対して、必ず結果があるはずだと考えるのです。人生最大の危機を経験した結果が「無」でしかないとすれば、それは因果の法則に反している、そういえるのではないでしょうか。因果の法則に従えば、肉体はなくなっても、大変な苦痛を経験した意識は残り、その経験を通じて重要な成果を得ることになる、そう考えることが可能です。

このような考え方は、物理現象だけを扱う現代科学の立場から観《み》れば荒唐無稽に感じるかもしれません。けれどもこれは、「そうあってほしい」といった一方的な解釈による勝手な見方では決してありません。実際のさまざまな観測事実や心理学的理論、あるいは物理学的実証実験から、充分科学的な仮説として扱うことができるものなのです。

私自身の体験談も含めて、それらを一つ一つご紹介していきます。それらの話を通じて、本当の「この世の中のしくみ」が見えてくると思います。そして本書を読み終えたとき、あなたが喪った大切なひとが今どこにいるのか、それを科学的な視点でご理解いただけることと思います。

◎目次

序　章　姉の死

人は死んだらどうなるのでしょうか。多くの人が一度は気にする疑問ですが、結局は明確な答えが示されることがないことから、普通は曖昧なまま、いつの間にか忘れてしまう問題です。私はなぜ、そんなテーマと真剣に向き合うことになったのか。それは、姉を病気で喪ったことがきっかけでした。

危篤の知らせ

一九九四年十月一日のことです。当時、会社員として仕事の関係で住んでいた関西地方の町にも、秋の気配がやってきていました。心に引っかかる心配を抱えていた私は、すっきりとしない夜を過ごし、目覚めを迎えようとしていました。社宅にしては広い間取りの家の二階の寝室で、私は妻と幼い娘と休んでいました。

午前六時を過ぎたころです。いつでも電話に出られるようにと買ったばかりのコードレスホンがけたたましく鳴りました。私は不安を感じながら受話器を手にしました。東北の町に住む義兄からでした。

「今朝、昏睡《こんすい》状態に入った」

すでに覚悟をしていたかのような、冷静な声に聞こえました。私の心配が現実のものとなってしまったのです。

「わかりました。どうしたらいいでしょうか」

「早く来た方がいいと思う」

「少し時間をください。また連絡します」

そんなやり取りをして、私は電話を切りました。

それは、姉・ルミ子が危篤状態に陥ったとの知らせでした。


姉はその年の春先から体調を崩していましたが、その原因がなかなか判《わか》りませんでした。症状は、身体のだるさ、疲れやすさから始まりました。その前の年、三十二歳にして念願の第一子である息子を授かり、その負担や子育ての疲れからくるものかなと、当初は本人も周囲も軽く考えていました。しかし、症状は一向に改善されず、その後、血痰が出るなど、むしろ体調はだんだん悪くなるように感じられ、心配は大きくなっていきました。

子どもが幼かったこともあって、姉は入院を渋っていたようでしたが、とにかく原因を見極めて回復に努めるために、ということで、七月に入り、近所の中規模の病院に入院しました。しかし、その病院では原因究明は難しいとの判断がなされ、一週間あまりで、より精密な検査が可能な大学病院へ転院となったのです。

そのころの姉は、それでも比較的元気で、相部屋の病室では他の患者の面倒まで見て回っていたのですが、八月に入ると、ベッドで横になっていることの方が多くなってきたようです。そして、姉の危機的な状況が判明したのは、八月も下旬になってからのことでした。
多くの検査を経て下された診断は、「血管外皮腫」という、初めて聞く病名でした。簡単に言えば、血管の外側に出来る進行性の悪性腫瘍のことで、世界でも数例の報告しかない、極めて特異な病気とのことでした。病気はかなり進行しており、血痰は肺が侵されていることに因《よ》っていました。不幸なことに、すでに脳内部にも腫瘍が転移してしまっており、余命は数週間、保《も》っても数カ月とは考えにくいとの絶望的な告知内容だったのです。姉の家族にとっても、母と、弟である私にとっても、突然突きつけられた信じがたい事態でした。

姉と私は二人姉弟であり、両親を含めて家族は一姫二太郎の典型的な核家族でした。昭和ヒト桁生まれの父は東北の出身でしたが、次男だったこともあって、旧制中学を卒業後上京し、夜学に通うなど苦労しながら、関東地方で公務員としての生活を築いていました。母とは郷里の知り合いの紹介で見合いをして一緒になり、その後間もなく姉を授かり、さらに一年後に私が生まれました。

姉の志向は基本的に文科系であり、絵を描いたり詩を書くことを趣味とするタイプで、高校時代までは「静かな少女」という感じでした。けれども、専門学校に進学すると、新たに出会った明るい友人たちの影響もあってか、新しいことに積極的に取り組むようになり、合気道をかじったり社交ダンスを始めたりしています。特にダンスはよほど性に合ったようで、多くの大会に出場するまでになり、結婚した義兄はそのパートナーでした。

姉は、弟の私から見ても極めて芯が強く、幼少のころから、男の子にいじめられても、友だちと喧嘩《けんか》しても、絶対人前では涙を見せることはなく、家に帰ってきてから母の前で泣いていました。地道な努力家でもあり、苦手な理数系の試験勉強に対して、机に突っ伏して寝てしまほど夜遅くまで粘り強く取り組む姿は、私の尊敬の対象となっていました。

子どものころ、年子であった私たち姉弟は、いつも一緒に過ごしました。年齢が近いため、取っ組み合いも含めて喧嘩ばかりしていましたが、相手を尊重できる大人となった二十歳を過ぎるころには、姉もすっかり優しい姉になり、誕生日プレゼントをくれたり、学生であった私を飲みに連れて行ってくれたりと、仲良くやっていました。

その後、姉も私も結婚し、二人とも家を離れました。姉夫婦は結婚当初から子どもを望んでいたようでしたが、一度流産し、第一子を得るまでにつらい思いを経験していました。さらに、苦労の上授かった長男は未熟児であったこともあり、健康の不安を抱えながら育児にとても苦労していました。

そんな状況を除けば、姉も私もそれなりに平穏であって、その二年前に、東北の郷里で暮らしていた父が急逝するまでは、父母も含めて家族には大きな問題もなく幸せに暮らしていました。

姉が病魔に襲われたのは、そんな時だったのです。


姉の病状を義兄から知らされたのは、状況が判明してすぐのことでした。義兄はなるべく早く会っておいた方がよいと言います。私は、万が一のことを考えて姉に会いに行くことにし、敬老の日を絡めた日程で、九月の半ばに東北へ出かけました。

肉親が不治の病で命の危機に瀕《ひん》しているという状況が、私にはなかなか理解できませんでした。おそらく多くの人がそうであるように、そんなことが自分たちに降り掛かるとは考えたこともなかったからだと思います。しかし、それは現実でした。姉は、希望を持とうと努力していました。それだけに、義兄は告知することができずにいました。それは私も賛成でした。私は姉に悟られぬよう、仕事のついでに寄ったことにして姉を見舞いました。

久しぶりに会う姉はすっかりやつれていました。当時の病院は、大学病院でありながら入院病棟は冷房が完備されているわけではなかったので、九月の病室はまだかなり暑く、快適な環境ではありませんでした。ベッドサイドには洗面器が置かれ、具合が悪いときに使用しているようでした。けれども気丈な資性は健在で、姉は私を笑顔で迎えてくれました。枕元には、離れて暮らさなくてはならなくなった愛息の笑顔の写真がぶら下がっているのが目に入りました。

姉とは対照的に、昔から泣き虫で通っていた私は、久しぶりに、それも余命を宣告されながら自らはその事実を知らない姉に会うのに、自分は冷静でいられるだろうかと、会う直前まで心配でたまりませんでした。けれども、姉の『努力による明るさ』に助けられて、何とか通常の態度で通すことができました。今思えば、おそらく姉も気まずい雰囲気になるのを避けたかったのだと思います。それは私の方も同じでした。黙れば空気が淀《よど》んでしまいます。それが怖くて、私は次々となるべく楽しい昔話を繰り出し話し続けました。姉はそれに楽しそうに反応してくれて、笑い過ぎて胸が痛いと付き添いの母に訴えるほどでした。

ただ、それは普通の痛みではありませんでした。すでに肺が痛むほど病に侵されていたのです。義兄から伝え聞いた話では、この時すでに脳内に転移していた腫瘍は視神経を圧迫しており、視力も充分ではなかったようです。けれども、姉は決して自分でそのことを口にしませんでした。先に展望が持てない、そんな悪い状況を認めたくなかったのだろうと思います。

到着した日の午後から翌日にかけて、私は姉に付き添うことになっていました。しばらく一緒に病室にいると、当初は意外に元気そうにしていた姉も、実はかなり無理をしていたことがよくわかりました。肺の炎症のせいで咳が出るのですが、その時洗面器に血痰が出ました。つらそうに咳き込む姉の背中を擦《さす》りながら、私は声を掛けました。

「そうそう、つらいだろうけど、悪い毒は身体の外に出さなきゃ……」

他に、言いようが見つかりませんでした。姉は黙って頷《うなず》き、耐えていました。

脳に転移してしまった腫瘍は、大きくなることによって頭蓋《とうがい》内圧を上げてしまうため、姉は頭痛に苦しみました。少し休んでは不調を訴える姉は、本当につらそうでした。もはやこの症状を改善するためには、鎮痛薬として用いられるモルヒネに頼るしかなかったのです。

そんな闘病の合間、二人きりの時に、私は、二年前に狭心症の発作で突然亡くなった私たちの父の、遺《のこ》した言葉について話をしました。そのころは、私自身、生き方に悩んでいる時期でもあり、父の遺品の中から見つけた知人への手紙の下書き原稿を、お守り代わりに持って歩いていたのです。そこには、「唱歌に基づく」という一節が記されていました。

『身にふりかかる憂きことの　なおこの上に積もれかし　限りある身の力ためさん　いざ試みん身の力』

父は、この一節を励みにつらいことを乗り越えてきた、と手紙に綴《つづ》っていました。

この時の姉に対して、こんな言葉は酷なだけだったのかもしれません。けれども、父の遺した言葉として、少しでも力になればとの思いでした。

姉はこの父の手紙の言葉を覚えていました。そして深く頷いてみせ、滅多に見せないはずの涙を私の前で流しながら語ってくれました。

「入院してから、誰も私にいい話をしてくれない。良くなるという希望の持てる話を、誰一人してくれない。それがつらい」

それはおそらく、姉が我慢し続けてきた揚げ句の、初めての吐露だったと思います。私はこみ上げてくるものを抑えられず、けれども姉に悟られてはならないとの思いからだけで、何とか言葉を繋《つな》いでいました。

「姉さん、大丈夫だよ。きっと良くなるよ。父さんも見ててくれるよ。大変だけどがんばろうよ」

姉に私の涙は見えていたのでしょうか。姉はその時、それ以上何も言いませんでした。自分の病気の本性を問いただしもしません。私は姉の手をただ握るだけでした。

私も姉を安心させるいい話はできませんでした。けれどもこの時、私は姉と一緒に信じることにしました。思いを込めて祈れば奇跡は起こるはずだと、意志を持って臨めば状況は打開できるはずだと、私は姉と同じ思いを持つことに、心を決めました。

義兄からの姉危篤の電話を切った後、私は考えました。その日は土曜日だったのですが、年に何回かの出勤日でした。姉は死にはしない、そう思っていました。いや、少なくともこんなに早く逝くことはないと信じようとしていました。余命一カ月のはずが二カ月に延び、その二カ月が三カ月に延び、次第に光明が見えてくる、そんな展開になるはずだと自分に言い聞かせていたのです。

私は近所にある職場へ向かいました。職場でも姉の事情は話してあり、今朝の経過を同僚に話しました。すると、経験豊かな先輩同僚は、直ぐに行った方がよいと言います。気持ちは解るが、万が一、亡くなってしまったらどうするのだという助言でした。それは、もっともな話でした。結局、私は現実と向き合うことにし、すぐに自宅に取って返しました。そして、喪服を準備して行くことに抵抗を感じながら、妻と幼い娘とともに姉の待つ東北の街、仙台へ飛び立ちました。

姉との別れ

午後三時ごろ、空港からタクシーで病院に着くと、子どもとアイスクリームを買っている義兄に玄関で出会いました。そんな日常的なところを見て、私は心の中で呟《つぶや》きました。

「ほれ見たことか。きっと状況は好転したんだ」

しかし、現実は冷たいものでした。依然、朝から意識は戻らないと言います。義兄の親戚も多く集まってきていました。二週間程前に訪れた時と同じ病室で、酸素マスクと心音などをモニターする機器のコードをつけられて、姉はベッドに横たわっていました。忍び寄る最期の時を予感させるように、姉の呼吸は苦しそうでした。そばでは、母が不安げに状況の推移を見守っています。様子を確認しにきた医師は、姉は昏睡状態であり、意識はないと説明しました。私たちは、母とともに姉の傍らに座って見守るしかありませんでした。

病室には看護師が様子を確認するために度々出入りしていましたが、姉と親しかった若い看護師の中には、廊下で涙を流している人もいました。この様子を見て、病院はすでに姉が最期に向かっていると判断したと感じざるを得ませんでした。でも私は、これまで、姉は今年のうちに亡くなることはないと勝手に思い込もうとしてきました。だから、ここも何とか乗り越えてくれる、何とか乗り切ってくれる、そう思っていました。けれども、そんな根拠のない願いをよそに、現実は淡々と進行していました。

姉の直接のリスクは、脳内の腫瘍が呼吸機能を司《つかさど》る脳幹を圧迫して呼吸不全となり、死に至るというものでした。腫瘍は間違いなく拡大してきたのでしょう。午後四時近くになって、姉の呼吸がにわかに激しくなってきました。身体をねじ曲げるようにして、呼吸の間隔が長く深くなり、しかも明らかに苦しさを増してきました。姉は最期に向かって最後の闘いを始めていたのです。

それは、肉親にとって立ち会うにはあまりにつらいものでした。私はなす術《すべ》もなく、ただ姉の手を握って、「姉さん、姉さん」と呼びかけることしかできませんでした。

そのとき、不可思議なことが起こりました。もう意識がなく回復の見込みもないと言われた姉が、身を起こして何かを伝えようとする仕草を見せたのです。義兄の母が気づき、大きな声で姉に呼びかけました。

「ルミ子さん！　ルミ子さん！　どうしたの？　何なの？」

その声に応じるように、姉は必死の様子で義母の耳元に何事かを伝えていました。義母はそれを聞いて、何度も頷き応えていました。姉の大きな心残りは、まだ幼い一人息子を遺して逝くことでした。その息子を義母に託すため、姉は残る力を振り絞ったのです。

自らの最期を見極めたのか、あるいはその時が来たからなのか、姉の呼吸の激しさは次第に収まってきました。もう最期なのか。私は泣きながら姉を呼びました。母も名前を呼びかけます。その異常な雰囲気を感じた娘が、大きな声を上げて泣き始めました。病室にいた皆が最期の時を感じ、泣いていました。

呼吸がすっかり収まってきたころ、医師がやってきて、義兄を残して病室の外に出されました。私は部屋の外から様子を見ていました。それは、病院にとっての最期の儀式だったのかもしれません。息の収まった姉の胸に機器を用いて刺激を与えていましたが、やがて断念したように作業をやめ、何事か義兄に伝えていました。

午後四時十八分。

私たちが到着してからわずか一時間あまり。きっと、待っていてくれたのだと思います。享年三十三歳。姉は静かに天国へと旅立っていきました。

偶然なのか、必然なのか、この日は私の三十二回目の誕生日でもあったのです。

姉はどこへ

姉が息を引き取ってすぐ、医師から義兄に病理解剖をさせてほしいとの申し入れがありました。姉の病気は類例の極めて少ないものであり、それ故、医療チームも病因の解明に手間取ったらしいことを聞いていました。医者としての医学的な関心の他に、病気解明のためという医療チームの意識も感じたこと、遺された子どものためにも、できれば病因を解明しておく必要があることなどから、母の意思も確認して、私は解剖に同意することを義兄に伝えました。

病理解剖を終え、紺色模様の浴衣を身につけて姉は霊安室へ連れてこられ、そのまま移送車に乗せられて姉の自宅へと向かいました。姉の葬儀は義兄の実家で行われることになっていましたが、せめて、いつも帰りたいと言っていた自宅を感じさせてやりたいという義兄の想いからでした。

いつの間にか、外は雨がしとしと降っていました。姉の自宅は、五階建て集合住宅の一階にあります。移送車が到着すると、すでに暗くなった中、多くの近所の人たちが待っていてくれました。そして、姉の無念を察してくれるかのような沈痛な面持ちで、移送車の寝台に横たわる姉に順番に手を合わせてくれました。

車はほどなく出発しました。帰ることができなかった姉の部屋は、暗いままで姉の車を見送っているかのようでした。

襖《ふすま》を外して大きく設《しつら》えた義兄の実家の広間に、姉は安置されました。到着してすぐ棺《ひつぎ》に入れられた姉は、葬儀の準備が淡々と進む中で、ただ横たわっていました。その傍らでは、母の死を理解することができない幼い息子が、一人よちよちと遊んでいます。義兄の実家は都市部から離れた郊外にあり、弔事には近所親戚の助けを得ることができました。だから、遠来の親族である私たちは、ただ姉を見守るのが仕事でした。

枕経も終わり、人の動きも落ち着き、家は近親者だけとなりました。姉を一人にすることのないよう、自然と誰かが棺の傍らにいつもいたように思います。私もしばしば姉の側に座り、姉を見つめました。姉の無念、理不尽への憤懣《ふんまん》、事態に対する呆然《ぼうぜん》、姉の生きてきた道のり、明るかった笑顔……。さまざまな想念が、整理もできないまま頭の中を去来します。そして時折激しい悲しみが胸の奥底から突き上げ、涙に咽《むせ》びました。

棺の窓を通して間近に見る姉は、透き通るように白くて綺麗《きれい》で、苦しみを乗り越え、ようやく安らぎを得たように、穏やかな表情をしていました。

何度か通り過ぎた悲しみの波の後、姉の顔を見ながら私の感情は突然停止し、そして感じました。

「ここにある肉体は、姉貴の抜け殻だ」

素直な直感でした。顔の皮膚は少し縮んだように見え、そこにある身体はすでに姉ではありませんでした。形は残っているけれど、その身体が姉の本質とはとても感じることができませんでした。姉の本質、いわゆる「魂」といわれるような本質は、すでにここにはいないのだ、それが私の直感だったのです。

「世の中のしくみ」探究をめざして

先にもふれたように、私たち家族はこの出来事の二年前に父を亡くしていました。父は以前から狭心症を持病としており、薬を飲んで時折襲われる発作を凌いでいました。年齢も六十を過ぎたばかりでもあったし、父なりに注意をしているのだから直ぐに命を失うようなことはなかろうと、息子としては甘過ぎる考えで楽観視していたのですが、早春のある朝突然、発作を起こして急逝してしまったのです。

人は死んだ後も別世界で存在し続けることになるのか。この疑問に答えを得ることは、人類にとって根源的な欲求であると思います。私も、子どものころから「人が死ぬとどうなるのか」については大きな興味を持ち、思いを巡らしてきました。作り話かもしれない人づてに聞く生き返った人の体験談や、心霊的なテーマを扱った漫画やオカルトティックな書籍を通じて、人は死んでも「魂」が残るということはあるかもしれない、いや、ないと死ぬのが怖いからあってほしいものだと漠然と考えてきました。

ところが、父が亡くなった際に、私の考えは変わることになったのです。

親族の死は、父が亡くなるまでは三人の祖父母で経験していましたが、肉親ではあるものの、同居したことはなく、一定の距離感のある存在だったため、衝撃も少ないものでした。だから、よく聞く「虫の知らせ」、あるいは亡くなった後の「不思議な出来事」の類いは起こりませんでしたが、別に違和感もありませんでした。けれども、父のような極めて近い存在を亡くした時には、魂というものが存在するのであれば、必ずや何らかの「虫の知らせ」「不思議な出来事」が起こるはずだと信じるところがありました。しかし現実には、それに類する経験をすることはなかったのです。父は無神論者であり、生前は葬儀も墓も不要と言っていましたが、それにしてもこんなに絆の深い関係でありながら何のアクセスもないということは、そんな世界はないと考えるのが妥当である、それが父を亡くした時の私の結論でした。

しかし、そんな結論は私の中から消し飛んでいました。いったい姉が何をしたというのでしょうか。世の中には多くの不誠実な人や自分のことしか考えない人が存在するというのに、皆普通に生きている。真面目に、正直に生きてきた姉がなぜこんな運命をたどらなければならないのか、私にはその理不尽さをどうしても理解することができませんでした。「そんな世界」がないとすれば、その理不尽さの意味が判らないではないか、そういう「世界」はあってもらわねば困る、そんな想いだったのです。

本当の世の中のしくみは、どうなっているのでしょうか。今、目の前に広がっている現実の世界の他に、容易に知覚することのできない世界が本当にあるのでしょうか。私は改めてそのテーマに取り組む必要に迫られることになりました。確信のないまま、「死後の世界」、言い換えれば「世の中のしくみ」を探究することを決意したのです。

第一章　「臨死体験」と届けられた遺言

ビー玉宇宙とアインシュタイン

宇宙のしくみはビー玉のようなものかもしれない、私は子どものころからそんなふうに考えてきました。それは、小学生のころにふれた、宇宙について解説された図鑑の影響だと思います。

ビー玉は、ガラスの球の中に多くの丸い気泡が散らばっています。その気泡を星に例えたとき、図鑑に示された宇宙も同様のものだと感じたからでした。化学の知識を得て、極微の世界でも宇宙で恒星の周りを惑星が回っているのと同様、原子の周りを電子が飛んでいるとの説明も知り、また、天体観測技術の向上で、さらに広い宇宙の実態が解明され、遠くの宇宙ではわれわれ太陽系が属する銀河系クラスの大きさの多くの銀河がボイドと呼ばれる泡状の配列をしていることなどを知るに至って、その確信はますます深まることになりました。宇宙はきっと、ビー玉の上にまた大きなビー玉が存在し、ビー玉の中の気泡のそれぞれにまた多くのビー玉が詰まっているような際限のない構造なのかもしれない、つまり『ビー玉』宇宙には、世の中のしくみを知るためのヒントが隠されているのかもしれないと感じていたのです。さらには、宇宙に果てはあるのか、時空間とは何なのか、私はそういうことに興味を持っていました。

けれどもそんな興味とは関係なく、私はごく普通に北海道にある農学系の大学を卒業し食品会社に就職しました。職場は全国に事業所がありましたが、最初の赴任地は、幸いなことに四年間暮らしてすっかり気に入った北海道でした。道内でも数回の異動がありましたが、空気が綺麗で夜の明かりの少ない街に暮らした時には、待ちに待ったように天体望遠鏡や双眼鏡を買い求めました。宇宙に対するあこがれと興味は消えていなかったのです。けれども、天文マニアの如く本格的な観測をしたわけではありません。ただ、星や星雲を観て楽しむことが目的でした。

天体観測は冬が適しています。大気が安定するし、観測可能な天体も夏に比べて多様だからです。北海道の冬の夜はとても寒く、十二月から二月にかけては時にマイナス二十度を下回る日もあります。そんな極寒をものともせず、金曜の晴れた夜、仕事が終わった後、原野の真ん中へ車で望遠鏡を運び、痺《しび》れる寒さに耐えながら星に見入りました。何百光年という、想像を絶する距離から届いた光を眺め感じることには、宇宙の神秘にふれ真理に近づいているような錯覚と満足感がありました。眺めるだけでは実感がよく判らないので、科学雑誌「ニュートン」の各種別冊を教科書として勉強しました。それらの学習から、かねてから興味のあったアインシュタインの相対性理論についても概要を知ることができました。

アインシュタインの相対性理論は、あまりに日常感覚とは異なる事象を説明するものであり、正直言ってすぐには理解することができませんでした。光のスピードで移動すると時間が遅れる双子のパラドックスや、光の速度で移動する物体の長さは縮むという現象についても、普通の感覚の人間には簡単に受け入れられるものではないと思います。相対性理論が見出されるまでは、一般に世界はニュートン力学で成り立っていると理解されてきました。それは、絶対空間と絶対時間を大前提としてこの世の中が成り立っているという世界観ですが、その感覚に慣れきっていた一般人たる自分には、感覚的に受け入れるのに時間が掛かったということです。何度か読みこなして、少しずつその不思議な世界が見えてきたような感じでした。

一つ明確に理解できたことは、相対性理論の「相対」の部分でした。すなわち、光の速度は不変絶対であり、逆に絶対だと信じていた時間や空間が実は相対的なスケールにすぎないという、いわば理論の根幹です。それまでの私にとって、時間は一定に過ぎていくのが当たり前であり、そのことを意識すらしていませんでした。絶対的に不変と信じてきた時間が相対的に変化するという「事実」は、初めて相対理論の概要を知った私にとって大きな驚きでした。「時間も条件によっては変化する」。今では多くの人にその概念を知られている相対論ですが、当時私はこの世がそのようなしくみのもとに成り立っていることに大変驚かされました。そしてこの相対論が、この世の中のしくみを理解する重要なヒントになることを、後に知ることになるのです。

父が亡くなった後、母は郷里で一人暮らしをしていました。一人息子となってしまった私としては、父に続けて姉を亡くし、大きな衝撃を受けている母を一人にしておくわけにはいきませんでした。仕事を休み続けることはできないので、私は妻と娘を母のもとに残し、とりあえず一人関西の自宅へ戻ることにしました。

姉の亡骸《なきがら》を前に、世の中のしくみの探究を決意した時から、それらを探る情報源は書籍類しかないと考えていました。現在であれば、書籍を探すのも情報を検索するのもインターネットを活用すれば苦もなく多くの情報を引き出すことが可能ですが、一九九四年当時、そのようなシステムは一般にもまだよく知られていなかったし、私には活用することもできませんでした。だから、情報は書籍から得るしかありませんでした。

家に帰って最初の週末、しばらくの間一人で過ごすことになった私は、『人は死んだらどうなるのか』とのテーマに答えを出してくれる情報を求めて、早速書店へ出かけました。

訪ねた書店は、その地域でもトップレベルの大きな店でした。ご承知のとおり、書店では本をジャンル別に分類して陳列しており、希望の書籍はそのジャンルを目安に探すことになります。昔も今もそう変わっていませんが「死後の世界」に関わるようなテーマの本は、主に宗教ジャンルのコーナーに並んでいました。いわゆる「オカルト本」と評されるような、ある種の突き抜けた理論を主張する種類の本もこの近辺に多く見られました。

求める参考書には、私なりの条件がありました。いくら世間では認知されていない「死後の世界」を探究するのが目的であっても、そこには科学的客観的な視点が必要でした。「オカルト本」の類いでは、客観的事実であるか否か、また科学的根拠の有無の検証などほとんどお構いなしに、単なる伝聞をさも事実であるかのように解説する傾向があります。もちろん、そのような本は、読めばすぐその独善的主張や検証不足は明らかになるのですが、お金と時間の無駄であり、第一、読む意味がありません。

また、宗教関連本も、私の求めるものではありませんでした。私自身はなんらかの宗教にコミットしているわけではありませんが、かといって宗教そのものを否定するつもりもありません。宗教は社会において必要な文化であると考えているのですが、ただ、その時の自分に必要だったのは文化としての考え方ではなく、現実として世の中の原理に繋がるヒントでした。

実は宗教も、表現していることは宗教間で違いはあるものの、その本質は根本原理に繋がっている可能性があると後になって気がつくことになりますが、この時点では宗教の世界を参考にする意思が私にはありませんでした。結果的に、宗教コーナーには私が望む書籍を見出すことはできなかったのです。
果たして自分の望むような「参考書」が存在するのだろうか。疑問と不安が頭をもたげながら、書店の中をしばらく散策しました。書店は図書館とは異なり本の販売を目的としているため、新刊本のコーナーは最も目立つレイアウトになっています。何げなくその新刊本コーナーにやってくると、驚くべき表題が目に飛び込んできました。
「臨死体験」[1]立花隆著・文芸春秋社刊・上下巻［(1)＝参考文献1。巻末参照。以下同］
まさにこれだ。これじゃないのか。私は「運命の出合い」を感じて、その本を手に取りました。

「臨死体験」との出合い

「臨死体験」は、上下巻総計約九百ページの大著です。私はそれまで立花隆氏の著書を読んだことはなく、また田中角栄氏金脈問題以外の仕事の内容もよく知りませんでしたが、立花氏と『臨死体験』というテーマの繋がりを、実は知っていました。それは、立花氏が企画したテレビ番組を以前に見たことがあったからです。

その番組の名前も「臨死体験」でした。一九九一年、NHKスペシャル『立花隆リポー[30]

ト「臨死体験」人は死ぬとき何を見るのか』という題名で、六十分程の番組として放映されています。この放送を見た時も、アインシュタインの理論と同様、とても大きな衝撃を受けました。

「ロッキード事件に関わった社会派の著名作家が、天下のNHKで、これまでオカルトの類いか夏の夜の怪談話のように扱われてきた『死にそうになった人の体験談』をテーマに番組をつくっている」

「あの世」の存在を期待していたのが当時の私のスタンスでしたし、ちょうどそのころ、北海道の原野で星の観察に熱中し、宇宙の神秘と世の中のしくみに想いをはせていた時期であったこともあり、いよいよ「そういう時代」がやってきたのだなと、強く感じたものです。

NHKスペシャル「臨死体験」は、その後二〇〇〇年三月十一日に「時の記録／NHKスペシャル選」として、九年の時を経て再放送されました。この番組は、「臨死体験」を知るために必要な情報が、実に解りやすく紹介されています。本書の内容をご理解いただくためには、「臨死体験」の概要を知っていただくことが重要と考えますので、少し長くなりますが、まずはテレビ番組「臨死体験」の概要とポイントをご紹介します。

テレビ番組「臨死体験」

番組は、国内外の数人の臨死体験者へのインタビューのハイライトシーンから始まり、冒頭、全編で自ら取材して歩く立花隆氏が登場して番組のテーマを告げます。

「言うまでもなく、人間は一度は死ななければなりません。しかし人間は死ぬ時、いったい何を体験するんでしょうか。そして死んだらどうなるのでしょうか。一切が消えて無となってしまうのでしょうか。それとも、何らかの死後の世界のようなものがあるのでしょうか。これは、死んでから生き返った人がいない以上、永遠の謎です。

しかし、死からよみがえった人はいませんが、ギリギリ死に接近して生き返った人はいます。その人たちにその時の体験を聞いてみると、極めて特異な体験をしていることがよくあります。その体験は『臨死体験』と呼ばれます。そして、『臨死体験』について、それは死後の世界を垣間見た体験であると言う人もいます。それは本当なのでしょうか。『臨死体験』から、私たちは死について、いったい何を学ぶことができるのか、それを探ってみたいと思います」

タイトルの後、一九九〇年八月に、ワシントン・ジョージタウン大学で開催された初めての臨死体験研究国際会議の様子が流れ、これに立花氏の解説がかぶさります。欧米での臨死体験の研究が、実に多くの分野の研究者たちにより多角的・学術的に取り組まれていることに、立花氏は驚きを隠しません。日本でも臨死体験の存在はある程度認知されていますが、オカルトの類いと見なされて真面目な研究分野となっていないと言います。そして、立花氏はまず、体験者の話を一つ一つ聞いていくことにします。

ワシントンのベトナム帰還兵、不治の病と誤診され自殺を図った経験のあるシアトルの看護師、十二指腸潰瘍で危篤になったケンタッキーの美術教授、そして先の国際会議にも出席して中心的な発言をしていたフィンランドの医師ルーカネン・キルデ氏らのインタビューが紹介されます。これらを通じて立花氏は、臨死体験というものに当初は半信半疑だったが、その体験が存在すること自体については疑い得ないと感じるようになります。

そして臨死体験研究の権威、レイモンド・ムーディー博士のインタビューが行われます。博士は著書「光の彼方に――死後の世界を垣間みた人々」で百五十人の体験例を分析し、初めて科学的に臨死体験を研究発表して世界に衝撃を与えました。医学と哲学の二つの博士号を持つムーディー氏は、すでに欧米における二千例の体験の分析を通じ、臨死体験は人種や宗教を越えて死に近づいた人が共通に持つ体験であると強調している、と紹介します。

臨死体験を研究対象としてこなかった日本においては、まず事例収集から始めなければならなかったといいます。臨死体験事例が近年増えてきた背景には、救急救命治療の技術的進歩がありました。従来は死に至らざるを得なかった人たちが助かるようになったから、体験者が増えてきたということです。立花氏は、救急救命センターへの依頼や看護雑誌掲載の形でアンケート協力を求めるなどして事例収集を図った結果、四十六例を集めます。

肺梗塞で危篤状態になった秋田のS氏、急性すい炎から多臓器不全を引き起こし二カ月間昏睡状態に陥った福岡のN氏、胃潰瘍により大量吐血に見舞われ三日間死線を彷徨《さまよ》った新潟のO氏、子どものころに肺炎を悪化させて棺桶が用意された、同じく新潟のH氏の四人のインタビューが続きます。日米の体験事例を比較して立花氏は総括し、臨死体験を構成する核となる要素はいくつもあるが、日米とも共通点があるとして代表的な要素を整理します。

①体外離脱（肉体から自分が抜け出すのを感じ、天井などからベッドに寝ている自分や医師・家族などを見る。すでに苦痛はなく安らぎを感じる）
②トンネル体験（一切が真っ暗になり暗いトンネルに入るが、遠い出口には目映《まばゆ》い光が見え、それを目指して進む）
③なんとも言えない美しい世界（トンネルを抜けて光に入るとそこに広がる世界。日本人の場合は、多くが見渡す限りの花園だったという。そこで光り輝く存在や亡くなった家

族と出会う。人生を走馬灯のように振り返る人もいる
④何らかの境界線に行き当たる（日本人の場合は大きな川であることが多い。そこで戻ることになり、意識も戻る）。
具体的体験内容は、文化によって大きな影響を受けるらしいことが判ります。そこで番組は、臨死体験を文化との関わりという視点で読み解いていきます。

宇治平等院鳳凰堂が登場し、そこに展示されている「来迎図」が紹介されます。浄土信仰と臨死体験の関係を研究している筑波大学講師（当時）のカール・ベッカー氏がその絵を解説し、「臨死体験の光の世界こそ無量の光＝アミターバ、すなわち阿弥陀仏であり、浄土教は臨死体験をもとに生まれたものと思わざるを得ない」と見解を述べます。

一方、西欧ではイタリア・ベニスのサンマルコ寺院を訪ね、ヒエロニスム・ボッシュ作の絵画「天上界への飛翔」と対面します。その絵は、人が死んだあと肉体を抜け出した魂が天使に導かれてトンネルを通り、光の世界に入っていく様子が示されているものです。臨死体験研究者であるフランソワ・ブリュヌ神父は、「臨死体験は、キリスト教の聖者が太陽の何倍もの明るい光を見て信仰を深めた神秘体験とそっくり同じである」と、キリスト教と臨死体験との強い関係性を示唆しました。立花氏はこれを受けて、「苦しい修行で

肉体を徹底的に苦しめる聖者たちは、一種の臨死体験をしたとも考えられる」と思い至ります。

さらに立花氏は、精神文化が欧米や日本とは大きく異なるインドへ向かいます。文化は違っても臨死体験には普遍性があるのか、それを探るのが目的です。

インドでは、村々を巡回する民衆劇などにより、誰でも子どものころから知っているヒンズー教の死の教えがあるといいます。人が死ぬと死の神ヤムラージュの前に引き出され、死者の生前の行いを裁かれるというものです。日本の閻魔《えんま》大王は、このヤムラージュが中国を経て伝わったものだといいます。インドの臨死体験は、そのヤムラージュの前に引き出されたものの、まだ順番ではないと帰されたケースが多いというのです。調査をした国立精神科学研究所サトワント・パスリチャ博士は、「インドの臨死体験においても、アメリカと共通する内容は多い。単なる夢であれば、文化を越えてインド人とアメリカ人が同じ体験をするとは思えない。同じ体験でも、それを語る時に文化や宗教の違いが影響するのだと思う。インドではヤムラージュ、アメリカではキリストを見るのは、表現の問題ではないか」と語り、臨死体験は普遍的な現象であるとの判断を示しました。

立花氏はここで一度まとめます。

「臨死体験は違いに拘《こだわ》ると内容がさまざまと思えますが、共通点に着目すると、時代を越え地域を越えた普遍性が確かにある、ということが判ってきます。古来、宗教は死後も魂は生き続けると説いてきました。その背景には、本当に臨死体験があったのかもしれません。おもしろいことに、現代の臨死体験者たちもその宗教と同じようなことを言い出しています。彼らは、自分の体験から、魂と死後の世界が存在することを確信するようになったと言います。しかし、臨死体験は、肉体を離れて永遠に生きる魂が本当に存在することを証明しているのでしょうか」

臨死体験は魂の存在の証明なのか、それとも現代の科学で解明できる幻覚にすぎないのか、いよいよ臨死体験の本質について迫っていきます。

立花氏は、アメリカ・バージニア州に住むエリザベス・キュブラー・ロス博士と会います。ロス博士は、死に瀕した終末期患者に関わるターミナルケアの世界的権威ですが、何千人もの患者を看取《みと》る中で、人間には魂があって死後も生き続けるのだということを信じるようになったと言います。

一方、カナダ・ヨーク大学心理学専攻ジェームス・アルコック教授は、臨死体験は単なる幻覚だと考えるべきと主張します。

この後、現実体験説であるロス博士と、脳内現象説のアルコック教授それぞれの主張が交互に示されます。

ロス博士が、魂の存在の最大の証明として挙げたのが体外離脱体験です。体外離脱を経験した患者の証言が客観的事実と一致する事例があまりに多いため、これらを合理的に説明するためには魂の存在を認めざるをえないと言います。それに対してアルコック教授は、記憶のシステムに従えば、耳からの情報を、あたかも現実を目撃したかのように再構成しているにすぎないと主張します。

体外離脱の現象をどう解釈すればいいのでしょうか。立花氏は、体外離脱体験者であるアル・サリバン氏と、彼が体外離脱を体験した際、心筋梗塞の手術を執刀したコネチカット州ハートフォード・メディカルセンターの高田医師との面談の場に立ち会います。サリバン氏は、手術後初めて、カメラの前で、高田医師に手術の際の状況を確認したのですが、全身麻酔をかけられ保護のため目を布で覆われていたにもかかわらず、手術室内の状況をほぼ正確に説明し、高田医師らスタッフを驚かせます。サリバン氏の説明は、耳からの情報だけで場面を再構成して話しているとは考えられないものだったのです。

次に、体外離脱を臨死とは異なる状況で体験した事例として、一九八二年に中国ミニアコンカで遭難し奇跡的に救助された松田宏也氏、世界の登山界の頂点に立つと同時に思想家でもあるラインホルト・メスナー氏が登場します。

松田氏は冬山で遭難し、山中を彷徨いながら三週間も生き抜いたのですが、その時もう一人の「自分」と会話しながら下山してきたといいます。もう一人の「自分」は目の前に浮かんでおり、松田氏は痛くてつらくて休みたいと思ったのに、叱咤《しった》を繰り返し、休むことを許してくれなかったというのです。松田氏は、臨死に至らない場合であっても肉体と魂の乖離《かいり》はあると認識するようになったと言います。

メスナー氏は初めてのヒマラヤ遠征で弟を雪崩《なだれ》で失い、自らも崖から転落して死を目前にします。そのとき彼は、自分が転落していく様子を上から眺めていたと言い、見ていた自分が本当の自分であると感じたと言います。メスナー氏は、人間の身体の中にエネルギーのようなものが宿っており、肉体は死んでもエネルギーは生き続けると考えています。

立花氏は、サリバン氏や登山家たちの体験談から、臨死体験の実態を知る鍵は体外離脱体験にあると考え、アルコック教授が言うような聴覚と記憶がつくり出した幻覚とは片付けることができないと感じます。

シアトル市バレー・メディカルセンター小児科医のモース氏は、子どもの臨死体験を研究し、文化的影響の少ない幼い子どもでも体外離脱や光の体験をすることを発見しました。そのことからモース医師は、臨死体験は生まれながらに人間の脳にプログラムされていると考えています。その場所は側頭葉の奥「シルビウス裂」と呼ばれる溝であり、すでに五十年前にカナダの脳神経学の権威ワイルダー・ペンフィールド博士の実験により確かめられていると言います。

てんかん治療を目的としたペンフィールド博士の実験は、頭蓋骨を局部麻酔で開き、患者の意識を保ったまま脳のさまざまな部分を電気で刺激するというものでした。そして、そのとき患者がどんな体験をしたのかを記録していきました。その結果、人間のさまざまな機能が脳のどの部分に結びついているかを解明するという画期的な業績を上げました。この実験を通して博士は、幻覚を起こす部分が側頭葉に集中していることを発見したのです。そして、シルビウス裂の付近を刺激すると、患者は「体外離脱体験」や「神や亡くなった肉親と出会い」「音楽が聴こえる」といったさまざまな臨死体験要素を体験したといいます。

しかし、臨死体験はこの側頭葉のメカニズムですべて説明できるかとの立花氏の問いに対して、モース医師は、一つ説明しきれていないのが、体外離脱をした時に周りの状況を「見ている」のが『魂』なのか、それとも『脳の何らかの機能』なのかという問題だと答えています。現時点では、臨死体験は側頭葉が起こしているとは言い切れない、ただ側頭葉と連動して起きるとしか言えないと述べています。

ペンフィールドの実験から五十年、脳の研究はどこまで進んでいるのでしょうか。東京大学医学部へ出向いた立花氏は、脳診断の最新鋭機器であるＭＲＩとＰＥＴを用いて、自らの脳が夢を見ている時の状態と昏睡状態の患者の脳の状態を比較します。夢を見ている立花氏の脳は、むしろ覚醒状態よりも活性していることが示される一方、昏睡状態の患者の脳は全く活性が見られませんでした。

死線を彷徨う瀕死の脳が、臨死体験のようなイメージ体験を持つことができるのか。弱り切った脳にはそれだけの力はないはずで、やはり臨死体験は魂の体験といえるのでしょうか。反対に、血流が極端に落ちた脳のイメージ体験であるから、それ故に臨死体験は特異な内容を持つという主張も可能であると、二つの解釈を立花氏は再び対比します。


科学はいまだにこの論争に決着をつけることができません。しかし当初、精神活動はすべて脳によって説明できると信じていたペンフィールド博士は、死の二年前、その考えを翻したと言います。人間の精神活動は脳では説明しきれない、脳とは別に精神活動を司る何かがあるはずだと考えるに至ったのだというのです。

いよいよ番組は終了に近づき、それまでのインタビューに登場した人々がカットバックされます。新潟のN氏は死が恐ろしくなくなったと述べ、キルデ博士も臨死体験者は死を恐れなくなると指摘しました。ロス博士は、医学が患者の心の問題をもっと考えるべきだと提唱し、モース医師も、人生を締めくくる大切な体験である死を見つめ直すべきと語っています。

そして最後に立花隆氏が総括します。

「結局のところ、臨死体験というのは何なのでしょうか。本当に死後の世界というものがあって、それを半分体験したのが臨死体験なのでしょうか。それとも、それは死を目前にして弱り切った脳の中で起きる非常に特異なイメージ体験にすぎないのでしょうか。どちらの解釈も可能です。私たちは、長い取材を通じて、『こちらの解釈が正しい』と軍配を上げることはできませんでした。

そして同時に感じたことは、この二つの解釈の違いというのは、実はギリシャ時代以来続いている二つの根源的な世界観の対立の反映ではないかということです。一つは、世界はすべて物質に還元できるとする一元論の立場、そしてもう一つは、物質の世界の向こう側に本当は精神の世界あるいは魂の世界が広がっていて、そちらがより本質的とする二元論の立場です。この違いが二つの解釈の違いに反映している、という気がしました。

そしてもう一つ、私が印象深く感じたことは、体験者たちがすべて、この体験を語る時、そこに恐ろしいものがあったと言う人は一人もいなく、むしろそれは素晴らしい体験であった、自分たちの人生を根本から変えるような体験であった、あるいは体験後、死を恐れることがなくなったとすら語っていることです」

番組は、一年にわたる長い取材を通じて制作された力作です。臨死体験とはどんな体験なのか、その時点までの研究内容、現実体験説と脳内現象説という二つの説の論争がある実態、そして、その二つの説はそのまま根源的な二つの世界観に結びついていることなどが簡潔に示され、初めて臨死体験を理解しようとするときには非常に解りやすい内容だと思います。

書籍「臨死体験」

この番組は、書籍「臨死体験」の骨格になっています。もともと番組があってその後本に繋がったという背景があるから当然なのかもしれませんが、構成の基本と流れは同じといってよいと思います。ただ、これも当然ですが、圧倒的な情報量の差があるため、この番組の概略だけでは書籍「臨死体験」を理解できたとはいえません。活字に要約してしまうと、一時間番組も先掲の程度になってしまいます。書籍「臨死体験」の内容は、広く深いものです。著者の取材力と理論的な考察力は並外れていると感じさせられます。TV番組がふれていない内容をざっと挙げれば、次のとおりです。
・番組放映後寄せられた数多くの体験内容の紹介と分析
・臨死体験研究の歴史と現状の詳細

・脳内快感物質と体験の関係についての検討
・オカルト的事象や超能力と臨死体験の関係性
・体外離脱の実例と実験
・身体における感覚遮断の実験研究
・脳と心の関係

それぞれの項目は、集められた臨死体験を実例として取り上げながら、「臨死体験」という事象をひもといていくために徹底して検討解説されます。大きな流れとしては、テレビ番組と同様、序盤は臨死体験の把握から始まり、中盤からは脳内現象説と現実体験説のどちらが真かとの比較検証の形で進められ、終盤ではモース医師の示す「シルヴィウス溝(番組ではシルビウス裂)」の解説が絡みながら最終的なまとめに至っています。

一つ押さえておかなければならないのは、実体験説と脳内説との論争の構造です。それはまず、臨死状態になった人々に特異な体験があって、体験者はそのあまりのリアリティから現実の出来事であると感じる人が多く、これが実体験説の根拠になっています。しかし、その体験はあくまで体験者の主観でしかなく、客観的な証左が難しいために脳内現象にすぎないとの見解が対立軸として生まれてくるのです。ところが、その脳内説の立場にしても、ひたすら「実体験とは証明できない」との反駁《はんばく》に終始しており、脳機能を明らかにした上での作用機序に基づく体験のメカニズムを、何ら説明できていないのが実態なのです。

このように、論争は、実体験であるという主張を脳内説派が理由を列挙し否定するという構造になっており、脳内でのメカニズムは何も判っていないということなのです。

内容の詳細は書籍「臨死体験」を参照していただきたいと思いますが、書籍に解説されている興味深いエピソードを二つご紹介します。

生まれ変わった臨死体験者

書籍では、臨死体験をすることで人間がすっかり変わってしまう事例が数例紹介されています。その一つが、先の番組内容で「ケンタッキーの美術教授」の名で紹介したハワード・ストーム氏のケースです。番組内では、臨死体験の様子を絵画に描いたとして紹介されていただけでしたが、書籍においては、臨死体験を通じてすっかり人格が変化してしまった事例として詳説されています。その体験は非常にドラマチックなものです。

臨死体験前のストーム氏は完全な物質主義者で無神論者であり、非科学的なものは一切認めませんでした。また、完全な自己中心主義者で世俗的な成功を望み、自分以外には興味がなかったと言います。そのストーム氏が、フランスのパリを旅行中に十二指腸潰瘍で危篤状態になった時、臨死体験をしました。救急病院に担ぎ込まれましたが、土曜日でもあり、担当医不在で、激痛にもかかわらず十二時間も放置されてしまいました。彼は死を覚悟し、ベッドで気を失いました。

次に目を覚ますと、自分はベッドの脇に立って、寝ている自分を見ていました。死後の世界など、あるはずがないと考えていたのにと、ストーム氏は腹を立てました。そのとき、病室の外から呼ぶ声がするのでドアまでいくと、見知らぬ人が何人もいて、ついて来るように言われます。いつの間にか一面霧となっている世界をついていきますが、やがて霧はさらに深くなり、真っ暗闇となります。疲れてもう歩けないと主張し、立ち止まると、その見知らぬ人々がこづいたり殴り掛かってくるので大喧嘩になりました。相手の数は何百何千とも感じられ、爪や歯で皮膚を切り裂いたりかみちぎられたりして、最後は精魂尽き果てて組み伏せられます。

そのとき、神に祈ることを促す声が聞こえました。キリスト教を捨てたストーム氏はこれを拒否しますが、根負けして祈りの言葉を発します。すると、彼を取り押さえていた連中が狼狽《ろうばい》するので、さらに祈りを続けると連中は消え去り、一人暗闇に残されます。

今度は逆に孤独の絶望感にさいなまれたストーム氏は、子どものときに習った賛美歌を口ずさみます。

「イエス様、助けてください」

すると、闇の中に光が現れ、彼はその光に包まれて上昇し、心も傷も癒やされていくのです。さらにスピードを上げて上昇していくと、そこで光り輝く命の存在に出合い、パワーと愛に満たされるとともに、それまでの自分を恥ずかしく感じます。そして、その存在の大きな愛を感じて、声を上げて泣き続けたといいます。

その後、その存在たちとともに彼自身の人生回顧が始まり、自分の人生は完全な落第だと感じます。さらに、存在たちとの長時間の質疑応答を通じて、彼は大いなる知識を得たと感じることになります。中央の一なる者、すなわち神の下に行く準備が整ったと申告すると、地上に戻り愛と善を実践するよう説得され、受け入れたところで彼は目が覚めます。

ストーム氏を直接取材した立花氏は、次のように解説しています。

「ハワード・ストームは、この体験によって、全く別人格になってしまった。彼の人生観、世界観はすべてひっくり返ってしまった。人生の生き方も変わった。世俗的な快楽や富、成功など、かつて彼がもっぱら追求していたものには目もくれず、臨死体験中に教えられたとおり、もっぱら善なるものを追求し、あらゆる意味で人を助け、社会に奉仕することに自分の人生をささげるという、ほとんど聖者のような人間になってしまったのである」(1)

この他にも、臨死体験後、それまで全く知識も関わりもなかった量子力学に目覚めて大学に入学した三十三歳の高卒の除雪車運転手トム・ソーヤーの話や、病気を苦にして死んでしまうことすら望んでいたのに、体験後、重役夫人からターミナルケアの看護師に転身したバーバラ・ハリスの話が紹介されています。臨死体験には、これらのように、通常ではにわかには信じがたい事例を生み出す、という事実があります。

マリアの見たテニスシューズ

実体験説支持派の最大の根拠は、体外離脱の際に確認した事項が、事実と一致する事例が多いということはすでにふれました。その最も強力な根拠になり得る事例が、次のケースです。

ソーシャルワーカーでもある大学医学部教授キンバリー・クラーク・シャープ女史は、大学院生の時にアルバイトとしてやはりソーシャルワーカーをしていました。その時に出会ったのが、メキシコからやってきた貧しい季節労働者である五十代の女性患者マリアでした。マリアは突然心臓発作に襲われ、ワシントン大学の付属病院に担ぎ込まれましたが、入院三日目、心臓停止に見舞われた際に臨死体験をしました。彼女はその体験に驚き興奮して、何かと親身に面倒を見てもらい信頼していたワーカーであるキンバリーとの面会を求め、次のような話をしたのです。

心臓停止に陥ったマリアは、体外離脱をして病院内を彷徨っている際に、建物の三階の外側にある張り出した部分で、特徴のある片方だけの青いテニスシューズを目撃したのだと言います。本当に自分が身体から抜け出したのであれば、それがその場所にあるはずだ、だからキンバリーに確認してきてほしいと言うのです。キンバリーは、そんなことがあるわけはないと思いつつ探してみたところ、マリアが言ったとおりにテニスシューズが見つかったといいます。

「部屋を一つ一つ訪ねて、窓のところをのぞいて歩きました。すると、驚いたことに、ある病室の窓のところに、マリアが言ったとおりのテニスシューズがあったのです。それは片方だけで、色はブルーで、小指のところがすり切れていて、靴ひもがかかとの下に入っているのも、マリアの言ったとおりでした。これはもうショックでした。マリアがこの靴の存在を事前に知るということは絶対にありえないことです。その窓は三階で、マリアの病室は二階です。その窓は病院の西側に面していて、マリアの病室は北側なのです。マリア以外の人にも、その靴は見えません。下から見上げても、窓枠の張り出しに邪魔されて見えません。窓を開けるか、窓のすぐそばに寄って下を見れば見えますが、それ以外では見えません。近くの建物からなら見えるのではと思われるかもしれませんが、病院の西側

は開けた土地で、ずっと建物がないのです」(1)

立花氏も実際の現場で検証をしていますが「これは実に不思議な話である」(1)と述べています。

書籍「臨死体験」は、まさに求めていた内容の本でした。臨死体験、あるいはこれに付随する多くの『非科学的』といわれる事象に対しても、立花氏は頭から否定することなく、主張は主張として受け入れ、考察を加えていくという態度を一貫しています。

現実体験説と脳内現象説が対比される流れの中で、現実説に軍配が上がることを期待しながら、私はこの本を夢中になって読みました。先に示した二つのポイントは、「理解を超えた体験者の変化」や「体外離脱」という事象が、体験者の主観に留まるものではなく、第三者から観ても事実と理解できることを示しており、現実体験説の有力な根拠といえます。けれども、現実体験説を証明する完全な証拠ともいえません。実際、臨死体験は現実体験なのか、脳内現象にすぎないのか、決定的な判断は難しいようです。

ただ私は、もっと素直に考えるべきだと思っています。多くの宗教は、あの世の存在や生まれ変わりを肯定します。それはおそらく、立花氏が番組で述べているように、先人たちの臨死体験が根拠になっているのだと思います。そんな体験がなければ、あの世があるかもしれないなどという見解は存在しないはずです。臨死体験という現象が存在することから、「人は死んだらそれまでであり、あの世など存在しない」との見解に相対する考え方が生まれてくるのです。

では、人間はなぜ臨死体験をする必要があるのでしょうか。

これは、人間がなぜ生きているのか、なぜ人間が存在するのかを問うことに等しい、哲学的レベルの高い質問かもしれません。そんなこと判るわけはない。多くの人はそう考えるでしょう。けれども、ここで素直に考えてみてはいかがでしょうか。そんな世界がないのに、なぜそんな世界を垣間みるのでしょうか。そんな世界があるから観るのだと考えたらどうでしょう。先に挙げた臨死体験に関連した二つのエピソードは、その根拠です。あるから観るのであり、観ることに理由があるわけではないとの解釈です。そんな世界がないのにそれを観る、という説明のほうが、よほど無理があります。

「科学的にはそんな世界は存在せず、人間が命を終える時、楽に死んでゆくために遺伝的に組み込まれた生体反応にすぎない」

現代科学の教育を受けた人間には、実に心地よく響く説明です。しかし、断言できますが、臨死体験が遺伝に組み込まれているとの説明に、確定的な科学的根拠はありません。単なる推定にすぎないのです。そんな世界があることを認めるわけにはいかない立場にとらわれた故の説明と感じるのは、私だけでしょうか。

あるかないか、証明できない世界をあると判断してしまえば、実に不安な気持ちになるのだと思います。そんな曖昧な事象を活用して一もうけしようと企む人たちに、隙を見せてしまうことにもなるでしょう。だから、安易にそんなことを受け入れられないとの姿勢も当然のことです。けれども、もっと素直に考えてみるべきだと思うのです。

姉が他界してすぐ、そう考えさせられる出来事が私の身近で起こりました。それは、姉の葬儀の直後に義兄のもとに配達された一通の手紙が発端でした。

Fさんからの手紙

その手紙は姉の友人からのものでした。姉が亡くなって数日後、まだ家族で東北に滞在している時、義兄宛にその手紙は配達されました。差出人は、Fさんという、姉の仕事の関係で繋がりのあった同世代の友人でした。彼女は、姉の通夜の際、弔問にも来てくれていました。

義兄は、その手紙を受け取るとすぐに私たちにも読ませてくれたのでした。その内容は、Fさんが姉の夢を見たというものでした。けれども、書いてくれたFさん自身も躊躇《ちゅうちょ》していたように、これまでの通常観念では、伝えられた人間はただちに事実として受け止めることができないといっていい内容だったのです。指に怪我《けが》をしながら無理をして書いてくれたことが記されていますが、それがうかがえる、ふぞろいに苦しそうな字が並ぶ手紙でした。その手紙をそのまま紹介させていただきます（登場する人物名は仮名、カッコ内は筆者注釈）。

※　※

思いがけないご訃報に接し、ご愁傷いかばかりかと拝察致します。このようなことは、お伝えすべきか思案の末、筆を持たせていただきました。

指をけがして気が滅入る数週間を過ごした私は、人恋しくて友だちに連絡を取りたいと思い、二十三日の水害で被害はなかったかと三十日にルミ子さんに電話をしたのですが、あいにく留守で、東京の由美ちゃんにかけたら通じたので、いろいろ語り合った後、ルミ子さんと連絡とれなかったことを案じていたのです。

私は、ルミ子さんがご逝去された十月一日の二日程前から、明け方の五～六時ごろまで一睡もできない日が続いたので、一日の晩は、眠れるようにとお酒を飲んで休んだのですが、ワインをコップ一杯も飲んだ夜は、いつも熟睡するのに、その晩もまた眠れなかったのです。そして、眠れるまで由美ちゃんやルミ子さんのように話をするだけで心が癒やされる友人がいてよかった、幸せだなあと思い、そう感じた後、眠れたのでした。

そして十月二日の朝、英二さん（義兄）の電話で起きたのでした。

驚きに言葉も出ず、受話器を置いたとたん涙があふれてきました。青天の霹靂《へきれき》とはこういうことじゃないかしらと思いながら、気をとり直して連絡をとり、宏さん（Fさんのご主人）が（ルミ子が）入院しているのを（Fさんが）知らず、お見舞いにも行っていないのだから、住所を調べて、ルミ子さんの顔を見てきた方がいいとのすすめに従い、渡辺さん（義兄の実家）宅の事情も考えず、駆けつけた次第でした。そして、失礼だとは知りながらも、詳しいことを聞かずにはいられなかったのでした。

ルミ子さんのお顔はとても綺麗で、綺麗すぎて、ろう人形のようで、本当にルミ子さんだと信じられなかったのです。

その晩、連絡を終え、床に入っても、人形のようでルミ子さんじゃない、病床で、綺麗な姿でなくてもいいから、生きているうちに会いたかった、話をしたかった、思いおこせば、一年も前に隆君（姉の息子）の出産祝いに会ったのが最後で、姿も、声も、記憶がうすれてしまった、もう一度声が聞きたかった、と涙しながら休むと、ルミ子さんの夢を見たのです。

ルミ子さんのあの笑顔、あの「Fちゃん」と呼ぶ声、あまりにリアルで、私は会った時のように問いかけ、その問いにすべて答えてくださり、はっきりと覚えているのです。

ルミ子さんに「どうして知らせてくれなかったの?」と問うと、「自分でもこんなに早く逝くとは思わなかったし、英二さんが、私が苦しむことを望まなかったので、彼にまかせたの」と言いました。

「心残りはなかったの? 私が死ぬ思いをしたとき、まだ死にたくないと思ったもの」と問うと、「生きていたら英二さんや隆にしてあげたいことが、してあげられないことが心残りなの」と言いました。特に、お母様がルミ子さんへの愛情の深さの分だけ悲しみが深いこと、隆君に母親の思い出が持たせてあげられないこと、英二さんが今しなければならないことで気を張っているけれど、それを終えたあとの彼の気落ちの深さ、弟さんだけがお母様を支えてくれるよう頼める存在であること、それを私から伝えてほしいと頼まれました。

私は「なぜ私に頼むの?」と問うと、「英二さんもお母さんも悲しみが深くて、それが壁になって伝わらないから、落ち着いたらFちゃんから伝えて力になってほしいの。Fちゃんだけが、私が亡くなった晩、私と友人で良かったと感じていたから」と、他にもいろいろ話をして、時期が来たら、必ず伝えると約束すると、ほほえんで空に昇っていくので、呼びとめて、「これは現実なの? 夢なの? それとも私の空想なの?」と問うと、「Fちゃんが現実だと思えば現実だし、夢だと思えば夢だし、空想だと思えば空想だよ。私はF

ちゃんの、私と友だちで良かったという、あの時の心を信じてる」と言って消えました。

私は現実だったと信じます。信じていただけないかもしれませんが、私はルミ子さんとの約束を果たすため、この手紙を書きました。もっと詳しくお伝えしたいのですが、長くなりますし怪我をして思うようにペンが運ばず、読みにくい点も出てまいりましたので、このへんでペンをおきます。

何かお役に立つこと、お力になれることがありましたらお申し付けください。ご連絡、お待ちしています。

※　※

肉親として、この手紙は心を動かされるところがありました。Fさんが本来知らなかったことが書かれていたということはないかもしれないし、内容から見た時に単なる夢だったのではと言えなくもありません。けれども、姉が述べているとされている内容には納得がいきました。何より、伝わってくる気持ちが、まさに姉の気持ちのように感じられたのです。その受け止め方は、母も同じでした。

その後、母も私もその手紙を何度も読みました。亡くなってしまった姉の気持ちを知る手掛かりは、他には何もありません。生きるために闘い続けた姉は、遺書を残してはいませんでした。Fさんを信じれば、姉のその後を知ることができるかもしれない、事実でなくてもともとのこと、非科学的であろうとも現実にそういう事象が存在する可能性だってある、そんな思いの積み重ねもあって、母と私は手紙の提案に従いFさんに会いにいくことにしたのです。

その後、四十九日の法要で再び東北を訪れた機会を利用し、母と私はFさんを訪ねました。

姉の遺言

義兄の実家に程近いところに住むFさんは、三十歳くらいの優しい雰囲気を持った、静かな感じの人でした。一言一言しっかりと話をしようとするその姿勢から、誠実さが伝わってきました。

姉が亡くなった時のFさんの気持ちと状況、手紙を書くに至った経緯などを伺いながら、私たちは、手紙に書かれていることが、少なくともFさんの中ではまぎれもない「事実」として受け止められていることが理解できました。そして、私としても、さまざまな不思議な話が存在するこの世の中で、このことだけが思い込みや単なる夢とは決めつけられないだろうとの思いから、事実である可能性を大事にしていきたいという気持ちになっていました。もっとも、死は無に帰するとの結論では、姉の立場がないではないかとの思考回路が私の前提であったので、事実として受け止めたい気持ちが先行しがちなのは否定できないことではありました。

Ｆさんの話を聞きながら、そろそろ話も充分伺ったかなと思い、失礼する時間を計り始めたころ、Ｆさんがポツリと切り出しました。

「それでは、ルミ子さんから頼まれていた言葉をお伝えします」

私は驚きました。Ｆさんが手紙に書いてくれたことが、姉の伝えたかったすべてだと思い込んでいたところがあったからです。Ｆさんは、そんな私たちの前でも冷静に、さもそれが自分の使命だったのだという表情で話を続けました。手紙には書いていない姉からの伝言があるというのです。

「ルミ子さんは、落ち着いたらご家族のみなさんにこう伝えてほしいと言っていました。『死は人生の中で一番の試練。苦しいし恐ろしい。生きていれば、過ちを反省し繰り返さないこともできる。けれども、死んでしまっては後悔してもどうにもならない。私の死は、みんなにつらい試練を与えるけれども、これを乗り越えてがんばって生きてほしい。一つ一つ試練を乗り越えてゆけば、最後の試練、すなわち死を乗り越えた時、素晴らしい世界が待っている。そのことを、落ち着いたら伝えてほしい』」

一つ一つの言葉に、私はここでも「姉らしさ」を感じました。真面目でひた向きだった姉だからこそいえる言葉ではないかと感じたのです。姉は、生まれつき片方の耳が全く聞こえない障害を抱えていましたが、それを障害だと主張したこともなく、あるがままを受け入れ、ひた向きに試練に立ち向かって生きてきました。父の転勤で、幸福だった高校生活を諦め転校せざるを得なかった時も、新たな地で文句も言わずに困難な事態に立ち向かっていました。そして、実は死に至る病であった入院の時も、姉は人前での涙を拒み、一人で自分の運命と向き合って、最期を迎えたのです。

「最後の試練、すなわち死を乗り越えた時、素晴らしい世界が待っている」

臨死体験という事象が広く知られるようになった今、「あちら側の世界は素晴らしい世界だ」との一般によく言われる情報は多くふれることができます。Ｆさんの個人的な志向性向を私は知りません。哲学的な興味が深い人なのか、自分の生き死にをいつも深く考える人なのか、私には解りません。もしそういう志向がある人ならば、夢の中でこのような言葉を紡ぎ出すことは、驚くようなことではないのかもしれません。しかし、ごく普通の、そのような性向の高くない人が自分の脳内の情報のみからこのような見解を創り出すことは、普通にあることとはいえないと思うのです。

姉を「ろう人形のようである」と形容したＦさんの感性に私は全く同感しますし、姉の本質がここにはないとの実感も私と同じものでした。そして姉は、Ｆさんの夢の中で「死を乗り越えた時、素晴らしい世界が待っている」と述べていますが、これは多くの臨死体験者共通の感想といってもよいものです。当時、臨死体験者の実態が広く知られていない中で、いわゆる「向こう側の世界」が素晴らしいとの先入観をFさんが持っていたのでしょうか。

Fさんは、本当に姉の何らかの実態と接触をした可能性があるかもしれない。彼女の真剣で実直な態度と、あまりにもリアルな姉の気持ちとの一致から、私はそう受け止めるに至りました。何より、遺書を遺すことができなかった姉が、私たち家族に最後の別れを伝えたかったのではないか、そう強く感じました。

「臨死体験」との共通性

姉が亡くなった後、私が書籍「臨死体験」と出合い夢中で読み進めたことはすでに述べましたが、上巻のほぼ終わりにあるその部分に行き着いたのは、Fさんと会ってから後のことでした。それは、エリザベス・キュブラー・ロス博士のインタビューでした。

ロス博士はスイス生まれの精神科医であり、ターミナルケアとサナトロジー（死生学）の世界的権威でした。二〇〇四年に亡くなっていますが、その代表的な著作である「死ぬ瞬間」（一九七一年刊。読売新聞社）は、終末期医療に携わる医師、看護師の必読書とされています。副題は「死にゆく人々との対話」となっており、その内容は、死に直面した人々の心の変遷とあり方を分析し、そうした人々、さらにはその家族と向き合う時のあるべき心のあり方を示唆している、いわば医学書です。

立花氏は、生前のロス博士に直接インタビューをしています。その内容は、博士の生い立ち、サナトロジー研究のきっかけ、その後「死後の生」に強く関心を抱くようになりますが、背景には博士自身の臨死体験があることなどが語られていきます。ロス博士の見解は、人は死んでも別の方法で存在し続ける、というものです。科学者であるロス博士のこの見解は、医学の世界においても非科学的としてかなりの抵抗がありました。しかしロス博士は、臨死体験においては科学では決して説明できない現象があると主張し続けていたのです。

インタビューでは、事例の一つとして、自動車事故での体験例が説明されていました。

「スイスの体験者なんですが、この人は、アルプスをイタリアに抜けるゴタール峠で、車が次々に何台も衝突する多重衝突事故に巻き込まれて重傷を負いました。三人の医師が彼を診て、この男は死んだと言い、毛布をかけて立ち去りました。しかし彼は死んだのではなく、臨死体験をしていました。体外離脱して事故現場の周辺を見ると、事故のため上下線とも大渋滞が起きており、何千台という車がつながっていました。彼はその車に乗っている人たち一人一人の考えていることがわかりました。ほとんど全部の人が渋滞にいらだち、怒り、腹を立てていました。

しかし、そのうち一人だけ、事故で怪我をした人のために一生懸命お祈りをしている女の人がいました。どうか一人でも多くの人が助かりますようにと、一心不乱に祈っていました。彼はそれに感激して、その女の人が乗っている車のナンバーを覚えました。

結局、彼は死んでいないことがわかり、病院にかつぎこまれて助かるのですが、九カ月後に病院を退院してからその女の人を車のナンバーを頼りに捜し当て、会いに行くのです。そして、あのときあなたはこう祈っていたというと、そのとおりだったのです。これはスイスではとても有名な話で、本にもなっています」(1)

この事例は、「臨死体験」において私に最も大きな驚きを与えた内容でした。Fさんの夢の体験とこの事例には、深い共通性があると感じたのです。双方の事例ともに、亡くなりそう、あるいは亡くなった者と通常生活者とのふれ合い体験を示すものです。そしてそれは、例えば『魂』と表現されるような何らかの実態が存在しなければあり得ないような体験ではないでしょうか。

この事例に基づいてFさんからの手紙を理解しようとしたとき、次のような解釈が成立すると、当時の私は考えました。

「亡くなった人、あるいは亡くなりかけた人は、何らかの実体、それは俗に『魂』といわれるようなものが肉体と分離するが、それらは人の心にアクセス可能になる。姉は、Ｆさんの『自分と友だちで良かった』との心に惹《ひ》かれて接触し、気持ちを伝えた」

Ｆさんの手紙とこの事例の共通ポイントは、臨死した人、あるいは死に至った人は他の人の心にアクセスできるということです。Ｆさんの夢における「リアル感」も、臨死体験の特徴と一致します。自分を祈ってくれている女性に感激した臨死体験者と、Ｆさんの夢に登場した亡くなった姉が人の心がわかるようになったという共通性が、体験として存在しているのです。これらの事例は、私たちの知らない世の中のしくみによるものではないのか、そう考えることも可能です。


姉を喪ってまだ数カ月のころでしたが、私は姉に関わる事例が他の臨死体験事例と共通性があることを知り、「意識の存続」に対する希望を改めて強く持つことになりました。

そして、Ｆさんが伝えてくれた姉の言葉は、生き抜くことを強く望んでいた姉が家族にメッセージを残そうとした、その結果の「姉の遺言」であると確信したのです。

第二章　意識とは何か

言うまでもないことですが、前章で取り上げた「臨死体験」やFさんの夢の体験は、物質世界における体験ではありません。「意識」の体験です。そして、人が死んだらどうなるのかという問題は、すなわち意識が残って存在し続けるのか、それとも消えてしまうのかの問題です。

そもそも、この人間の「意識」とは何でしょうか。それは、本書を読みながら内容を理解しつつ、一方では、コーヒーが飲みたいな、などと考えているあなたの意識です。

私たちは、この意識というものが間違いなく「ある」ということを確信しています。なぜなら、今まさに「自分が考えている」からです。その考えている自分こそが「意識」に他ならないということです。これほど明確に存在が認められている「意識」について、現代科学はどこまで解明しているのでしょうか。

結論からいえば、まったくの謎です。「意識」というもののしくみを科学的合理的に説明できる人は、少なくとも地球上にはいません。

現代科学は、意識について次のように説明します。

「意識は、脳内の神経繊維ニューロンの化学的相互作用により立ち上がってくるもの」

しかし、これでは意識の実体はまったく解りません。それは、この説明が推測でしかないからです。現代脳科学によって、さまざまな身体機能や反応が脳のどの場所の活動によって生じているのかについては解明が進んでいます。しかし、その詳細なしくみについては、中脳など一部を除いていまだ解明の途上です。ましてや、意識のしくみについては、全く不明であるといっても過言ではありません(20)。現代科学にとって、脳はいまだに未開の原野といってよい状況なのです。

私たちが一人一人間違いなく持っている「意識」というものの正体は、不明です。それ故、実体がまったくわかっていない「意識」が、肉体が死滅すれば一緒に消滅するとの説明は、拙速だと私は思います。現代科学は、肉体の死とともに意識も一緒に消えてしまうことを科学的に説明できていないのですから……。

もう一つの世界「内蔵秩序」

意識とは何なのでしょうか。脳内の物理的作用のみから立ち上がってくる単なる物理現象なのでしょうか。それとも、この物理的現象世界の他に、精神的な世界、意識としての世界が存在するのでしょうか。

これらの疑問の答えに繋がる興味深い仮説を提唱した、アメリカの著名な物理学者がいます。量子力学の権威であり、原子爆弾の開発にも参加したデヴィッド・ボームです。

ボームは、私たちが生活する物理的な三次元世界とは別の世界が存在するとの仮説を物理学者の視点により導き出し、その非物質的別世界のことを「内蔵秩序」[2]と名付けました。

やや堅い表現ですが「私たちが知らないところに内蔵された秩序世界」と受け止めてください。

この内蔵秩序世界は、次のような役割を担っているとボームは言います。

私たちが生活する世界、つまり物理的な三次元世界に存在するすべての物質は内蔵秩序世界と繋がっており、その内蔵秩序の作用で物質世界が形づくられているというのです。

私たちは、自分たちの住む環境が当たり前のように生きています。空気があって大地があり、山があり、海があり、植物が育ち、さまざまな生き物が生活しています。これらは通常、この世の物理的な作用だけで生まれ、変化していくものと考えています。ところがボームは、この世の世界はもう一つの世界である「内蔵秩序」の影響を受けて形づくられているというのです。私たちは、私たちが住んでいるこの世界が唯一無二の世界であると信じていますが、この世界は内蔵秩序の作用による結果であり、本質・主体は内蔵秩序世界であるというわけです。

この世のすべての事象が内蔵秩序世界により影響を受けているのだとすれば、意識もまたしかりです。形を持たない、観念のようなものでありながら、意志として強い力を持つのが意識です。内蔵秩序世界は、意識をも包括した世界といえるのです。

私たちのこれまでの常識観念では、簡単に受け入れられる話ではありません。また、他の物理学者に一般的な仮説として承認されているわけでもありません。けれども、この仮説が真実であるという可能性は、決して低くないと考えられます。なぜなら、この説の信《しん》憑《ぴょう》性を支える実験結果があるからです。

パズル絵の実験が示すもの

白黒のまだら模様の中に、ある形が隠されている「パズル絵」というものをご存じでしょうか。パズル絵とは、一見しただけでは何が描かれているのかすぐにはわかりませんが、絵に散らばっているコントラストを俯瞰《ふかん》したとき、隠された形が突然浮かび上がるように見えてくるものです。それは、帽子をかぶった婦人だったり、髭《ひげ》を生やした山男だったりします（図１・図２）。

一九八三年、イギリスでこのパズル絵を使った実験が行われました。その方法は次のとおりです(3)。
・答えが知られていない新作の二つのパズル絵ＡとＢを用意する。
・アイルランド、アメリカ、ヨーロッパ諸国の合計約千人の人々に、この二つのパズル絵を一分間見た上で、絵に隠されている形を回答してもらう。

・その後にテレビでパズル絵Aをクイズとして出題し、二百万人の視聴者にその答えを公開し、理解させる。
・テレビ放送終了後に、再びアイルランド、アメリカ、ヨーロッパ諸国の、前回とは別人である約千人を対象に、同じくパズル絵AとBを一分間見た上で、隠された形を回答してもらう。
・パズル絵AとBの、テレビ放送前後の正答率を比較する。
この実験は、一度多くの人が答えを理解したパズル絵は、その後別の人が答えるときには正答率が高くなるはずだという仮説の正しさを証明するために行われました。この意味を理解していただけるでしょうか。これは、過去に一度起きたことは再び起きやすくなる、言い換えれば「二度あることは三度ある」ことを明らかにするための実験なのです。

結果は明快なものでした。テレビで答えが公開されなかったパズル絵Bの正答率は、テレビ放送の前後でほぼ同じでした。しかしながら、答えを二百万人もの人々が認識したパズル絵Aの正答率は、放送前が三・九％だったものが、放送後は六・八％と大きく上昇したのです。一度答えが多くの人に知られた問題は、初めての人でも解きやすくなることが証明されたといえる結果でした。

「過去において一度起こったことは、その後起こりやすくなる」

（図１）実験で使用されたパズル絵

（図２）答えのパズル絵

これは、イギリスの科学者ルパード・シェルドレイクが提唱する形成的因果作用の仮説であり、実験結果は、この仮説に基づく現象である可能性があるのです。

シェルドレイクの専門分野は植物生理学なので、もともとは生物の特徴的な形や行動の研究を通じて、それらがどのようなしくみで形成されるのかという疑問から考え始めたようです。その結果たどりついた「形成的因果作用の仮説」とは、生物の形態や行動は遺伝子だけによって決められるのではなく「形の場」による「形の共鳴」によって決定されるとするもので、ある種の「場」、今はまだどこにあるのかはわかっていませんが、形の共鳴を引き起こす「場所」があることが前提となっています。

先に紹介したボームは、シェルドレイクのこの仮説を強く支持し、やはり「場」の存在を前提にした自分の「内蔵秩序仮説」との共通性を指摘し、同じ考え方であるとして、非科学的であると科学界から批判されたシェルドレイクを擁護しました。

この形成的因果作用の仮説の信憑性を高める現象は、パズル絵の実験だけではありません。例えば、もともと結晶化し難い物質で爆発物の原料だったグリセリンが十九世紀のはじめのある日、ヨーロッパで突然結晶化したところ、世界中のグリセリンが結晶化し始めたという現象があります。また、複雑な経路をたどらせて水槽の外に脱出させるネズミの実験では、最初は脱出経路が覚えられず散々苦労し、脱出までに二百回以上かかっていたものが、ネズミの世代が代わるにつれて失敗回数が激減し、二十世代以降になると四十回あまりで脱出ができるようになったという結果が出ています。ネズミは世代を重ねるごとに、誰に教えられたわけでもないのに脱出経路を早く覚えることができたということになります。

これらはすべて形成的因果作用によって説明できます。内蔵秩序という場に、ある種の情報が存在し、物質世界に影響を与えているというのが形成的因果作用の仮説です。パズルの例でいえば、多くの人がパズル絵の回答を知ると、それが情報として内蔵秩序場に蓄積され、新たにパズルを解こうとする人々の「意識」がその情報に知らず知らずに同調することで、パズルの正答率が上がったということになります。基本的な構造としては、グリセリンの例もネズミの脱出実験の場合も「意識」は関わっていないかもしれませんが、内蔵秩序の影響としては同じです。

このような事例から、この世の中は物質的な世界だけではなく、物質世界に影響を与える別の世界、「場」がある可能性が高いということがいえるのです。

もちろん、多くの物理学者がこの仮説を認めているわけではありません。むしろ、おおやけにこの仮説を支持している物理学者はいないのかもしれません。現代科学ではこの説を立証する手だてがないからです。科学は、立証できない仮説を受け入れることができません。けれども、非物質的な場が存在する可能性は、直接的な証拠にはならないけれど「状況証拠」とはいうことができる、これらの現象・事象が存在することから、一方的に否定することはできないというのが現実なのです。

ユングの世界「集合的無意識」仮説

このような物質世界とは一線を画した非物質的世界に切り込み、大きな学術的成果を上げたのが、心理学者で精神医のカール・G・ユングです。

ユングがたどり着いたのは「集合的無意識」という概念でした(4)。心理学によれば、人間の意識は、普段から自分で意識し自分が自分であることをはっきりと認識している「自意識」と、普段は自分では全く意識していないけれど、昔の記憶や無意識のうちに得た情報などが保持されている「無意識」という二つの領域に分けられます。自意識は解りやすいと思います。今、自分を意識しているあなたの意識です。一方、無意識とは、意識をしていないながらも、こころのどこかに知らない間に保持されている、記憶を含めた、表だって意識していない認識をいいます。

この二つの意識について、ユングは、「無意識」の方が圧倒的に深く広い領域を持っていると言います。そして、人類すべての無意識は、実は深いところでお互いに繋がっているというのです。これがユングの集合的無意識仮説です。

この集合的無意識仮説は、物理的な構造は持ちませんが、ユングの弟子の一人であるマリールイス・フォン・フランツが概念図（図3）を示しています。それによれば、個人の無意識は、寄り集まって家族・家系の無意識集団をまず形成します。次に、家族・家系の無意識集団がさらに集まって人種的無意識集団を形成します。そして、人種的無意識集団が寄り集まった最も大きな集合体を「*元型を含む集合的無意識」として中心に示しています。どこにどのような形で存在するのかは説明されていませんが、構造概念としては、無意識のネットワークといえるものです。

　このような概念をいきなり説かれても、私たちは実感として理解できません。確かに、突然古い記憶がよみがえったり、ふと見た景色に懐かしさを感じたりすることがあり、これらは普段から意識していることではないので、無意識から呼び起こされたものと言われれば、そんな気はします。けれども、今の科学の考え方からすれば、これらは脳のある領域が刺激されてよみがえってくるもの、つまり、脳のある領域の物理的な反応にすぎないとされています。

　しかし、脳が意識を立ち上げる機能の実際は、現代科学でも全く解明されていません。解明されていないのに物理的な反応と考えてしまうのは、物質世界以外の世界など存在す

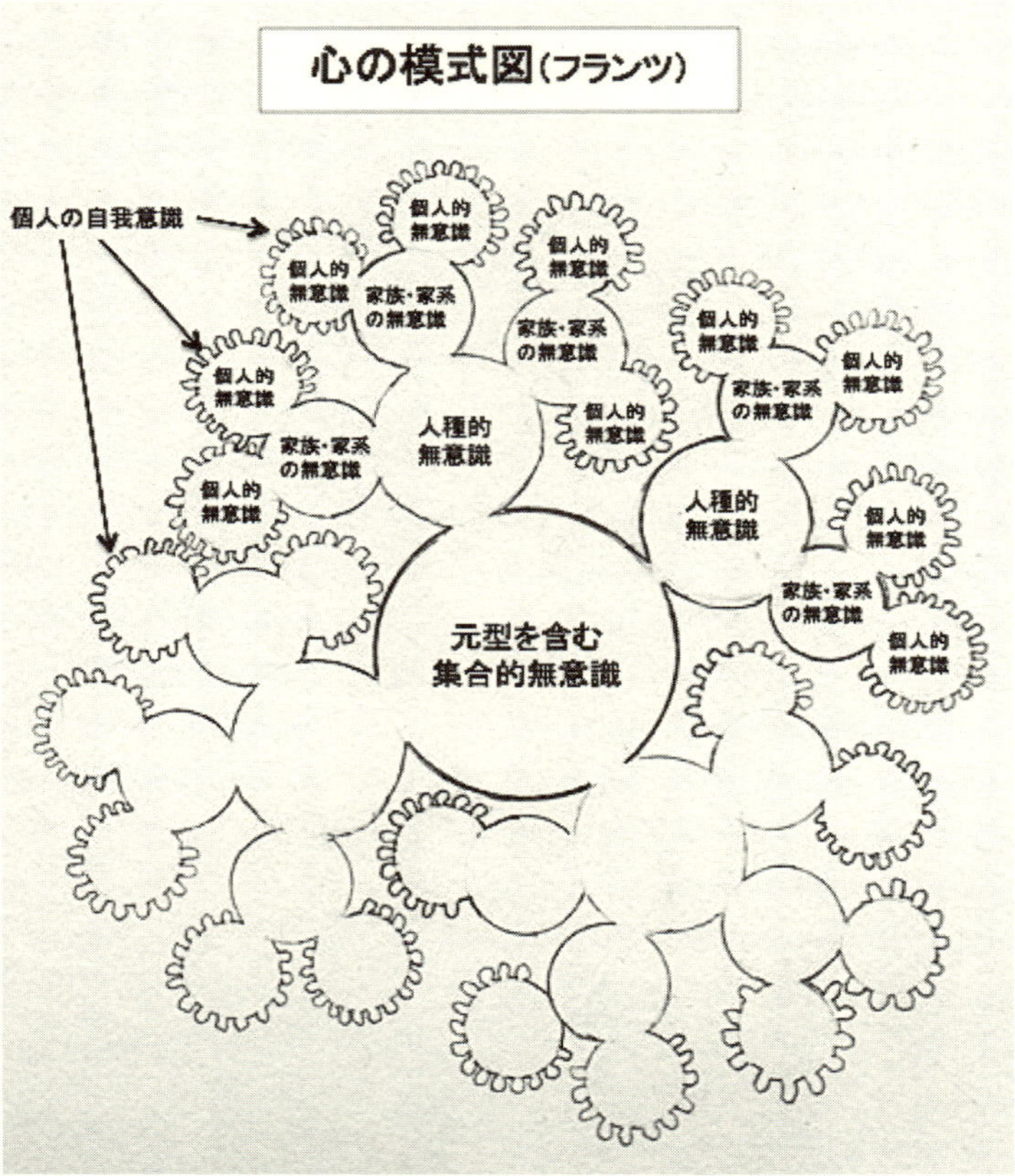

（図３）心の模式図

るはずがないとされているからです。そこでは、意識は脳内だけで物質的に完結すると信じられているにすぎません。つまり、意識は脳の物理的反応であるとする受け止め方は、思い込みでしかないといえるのです。

ユングは、ある統合失調症の患者の様子から、この仮説の根拠を見出しました。

その患者は、窓辺に立って不自然に頭を左右に振っていました。ユングがその理由を尋ねると、患者は次のように答えたそうです。

「太陽から筒が下がっていて、筒から風が吹いている。筒がこちらを向くと西風が吹き、筒があちらを向くと東風が吹く。だから、それに合わせて首を振っているのだ」(4)

後にユングは、この奇妙なビジョンの説明が「ミトラ祈祷書」という古文書の内容と一致するものであり、この患者がその古文書のことを全く知る由もなかったことを突き止めました。そして、これらのビジョンはいつの時代にも存在し、人間のこころにもともと備わっている「元型」であり、人間の無意識領域で共有されているものとの結論にたどり着いたのです。

実際にユングは、この仮説に基づいて精神科医として治療実績を上げており、それは現代の精神医療においても継承されています。ですから、集合的無意識仮説の実効力について否定することはできません。それ故に、集合的無意識世界が「場」として存在することについても、そんなことはあり得ないとの決定的な主張もまたできないことなのです。

二元論における脳機能

医学的な事実から、人間の意識が脳を通じて機能していることは疑いようがありません。しかしながら、その機能のあり方については二つの考え方があります。

一つは、先述した一元論の立場での考え方で、人間の意識は脳内にある神経細胞ニューロンの相互作用で立ち上がってくるものであり、脳内の物質的作用だけで為され、完結するものであるというものです。

一元論では、脳の活動は、ニューロンと呼ばれる神経繊維の連鎖的な化学反応によって成立しています。この脳の活動のしくみを推測するとき、脳のあちらこちらで起こっているこれらの化学反応をモニターする主体があって、その主体がこれらの反応を整理して脳活動を成立させているという考え方が自然といえます。ところが、この考え方では、物質作用を監督する非物質的な主体（意識ともいえる）が別途存在する必要があるため、一元論の立場にある現代科学はこれを否定しています。現代科学は「意識について考えるとき、『ホムンクルス』と呼ばれる小人が脳の中にいて、ニューロンの活動をモニターしているという誤った考え方に陥りやすい」(5)と言っています。

そこで生まれてくるのが、二元論の立場です。二元論では、人間の意識は、脳とは別に存在する「意識の場」で機能しており、その作用は脳内で完結するのではないと考えます。ユングが見出した「意識の場」が実際に存在するのであれば、むしろ二元論に基づいた説明でなければ合理的な説明はできません。この考え方を前提にすると、脳は「意識の場」と何らかの方法で繋がっていることになります。

では、二元論では「場」と「肉体としての人間」との結びつきをどのように説明するのでしょうか。その答えは、私たちの既成概念を超えた、実に意外なものです。二元論では、脳は「通信機」であると考えるのです。

実際に脳は、不思議な臓器です。脳の主役である大脳の実体は、一般に「脳みそ」と呼ばれているグリア細胞と、神経繊維であるニューロン、それに血管だけです(6)。しかも、それらは実に均質で、大脳の各所の構造に大きな差がありません。それなのに、驚くべき繊細さと緻密さで、精神も含めた人間の身体をコントロールしているのです。

大脳は、明らかに身体全体を司る司令器官ですが、心臓や肝臓、肺や腎臓といった他の臓器と違って、そのしくみと作用の関係がほとんど解っていません。

例えば、肝臓は体内での物質の代謝や解毒などの化学作用を持つことが詳細に解っており、機能はほぼ解明されています。ところが、大脳の場合は、グリア細胞に約千億個ものニューロンが張り付き、相互の化学反応により多くの司令を身体各所に発しているらしいことは解っていますが、そのしくみ、作用機序については、まったく解っていないのです。ましてや、意識がどのように生まれるのかについては、まったくもってさっぱり解らないのが実態なのです。

一見したところ、均質で単純な構造における化学的反応だけで極めて複雑で高度な仕事をしているように見えるのが大脳です。「均質で単純な構造」だけで、本当に高度な機能が発揮できるのでしょうか。

こうした実態から考えても、私たち人間にとっては、未知のしくみによって脳は「通信機」としての機能を持っている可能性があります。その通信機機能により、脳はどこかにある「意識の場」と繋がっている可能性があるのです。

「空間の裏側」

ボームの内蔵秩序仮説について解りやすく解説したのは、ソニーの技術者としてコンパクト・ディスク（CD）やロボット・アイボ**を開発したことで知られる天外伺朗氏です。天外氏は、内蔵秩序の場はプランクスケールの世界にあると推測しています(7)。プランクスケールとは、想像を絶する極小世界のことで、数字で表すと十のマイナス三十三乗センチメートルとなります。このスケールがどれくらい小さな世界かというと、例えばここに直径一・七センチメートルのビー玉があるとします。このビー玉を構成する原子の中の陽子一個を、ビー玉と同じ一・七センチメートルに拡大したとき、同じく拡大されるビー玉の大きさは直径三億キロメートルにもなります。三億キロメートルといわれてもピンときませんが、この大きさは、なんと太陽の周りを公転している地球の周回軌道をすっぽり包み込んでしまうほどだというのです。

けれども、この陽子の大きさは、まだ十のマイナス十三乗センチメートルでしかありません。十のマイナス三十三乗センチメートルは、この陽子のさらに十億分の一の大きさです。まさに想像を絶する小さな世界ですが、このスケール以下の世界は、数学でも説明できない世界だというのです。

内蔵秩序の場は、空間におけるこのような極小世界に「たたみ込まれて存在している」というのが天外氏の推論です。この「空間における極小世界」は、空間のあるポイントに限定されているものではなく、原理的には空間のすべてのポイントに存在することになります。極小世界においては、どこにでも同じように入り口があるということです。

この仮説を知ったとき、私は、これは「空間の裏側」といえるのではないかと考えました。今、私たちが存在している三次元の空間世界の裏側に、別の次元の「場」の世界が存在する、そのように受け止めたのです。

最新の宇宙論においても、この仮説に非常に類似した発見があります。それは、空間は常に揺らいでいるとするものです(8)。

宇宙のある空間に、絶対真空空間というものを考えます。一切の物質が存在しない空間です。空気も水分もちりも存在しない、絶対的に真空の空間です。けれども最新宇宙論は、そこは真空ではあるけれど、何もない無の空間ではないというのです。真空状態の空間は常に揺らいでおり、物質が生まれては消滅し、これを繰り返しているといいます。具体的には、プラスの電気を帯びた粒子とマイナスの電気を帯びた粒子が同時に飛び出し、すぐに合体してまたもとの場所に帰する形で「対消滅」するというのです。いったいどこからやってきて、どこへ消えていくというのでしょうか。それこそが、空間のどこにでも存在し、空間の裏側へ通じるプランクスケールの「場の入り口」ではないかと考えられるのです。

「波動」とは何か

では、意識の場と内蔵秩序の場が同一のものと仮定して、脳はこれらの場とどのように繋がっているのでしょうか。

結論からいうと、それは「波」であると考えられます。根拠は、物質の究極の姿にあります。物質を細かく刻んでいくと、最後はどんな姿をしているかということです。

古くはアリストテレスの時代から考えられてきたこの問題は、近年、急速に解明が進みました。二十世紀に入って原子のモデルが特定され、物質の最小単位は原子を構成する陽子、中性子、電子であると考えられましたが、科学技術の発展により実験装置としての高速加速器が開発され、物質の最小単位はさらに小さいクォークなどの素粒子であることが判りました。これらの素粒子は、その名のとおり「粒子」としての性質を持って存在していますが、実は、同時に「波」としての性質も併せ持っています。物質の究極の姿、それは粒子であると同時に波でもあるのです。これは、量子力学により説明される事実であり、物質の最小単位は「素粒子＝波動」ということになります(9)。

この科学における事実と、すべての空間に極小の「場の入り口」が存在するとの仮説を併せて考えたとき、脳が通信機として機能するそのしくみが浮かび上がってくるのです。

それは、物質の極小単位である素粒子が持っている波の性質、つまり、物質波による通信です。脳は、物質の持つ波の性質を利用して極小世界の意識の場と繋がっている可能性があるということです。

実際に、複数の波が相互に干渉することによって「波動」は無限の容量を持つ記録媒体になることができます。つまり、原理的にも多くのことを記録することが可能なのです。アメリカのサイエンスライター、リン・マクタガードは、「真空の空間は常に揺らいでいる」ことによってごくわずかなエネルギーが生じ、そのエネルギーが存在する場所はゼロポイントフィールドと呼ばれていることを紹介しました(10)。そして、脳における記憶のしくみや核磁気共鳴技術(病院で体内図を撮影するMRIに用いられる技術)の先駆的研究では、これらのしくみにおいてゼロポイントフィールドが波動を通じて重要な役割を担っている可能性が高いことを明らかにしています。

このゼロポイントフィールドこそが、極小の「場の入り口」、すなわち「空間の裏側」への入り口ではないかと考えられるのです。

さらに推定すると、「空間の裏側」に繋がる入り口がどこにでもあるとすれば、脳のある部分は、脳を構成する物質の「物質波」を活用して、距離ゼロで意識の場・内蔵秩序の場と直結していることになるのです。

以上、人間の意識のしくみについて、これまで紹介したいくつかの仮説に基づき整理すると、次のように考えることができます。
・通常の次元とは異なる異次元世界に「意識の場」が存在している。

・「意識」は、その「場」で「波動」の形で存在するとともに、波動で人間の脳と繋がっている。
・われわれの生活する次元世界のすべての空間には、極小の意識の場への出入り口が存在する。
・臓器である脳の役割は、異次元世界からの波動としての意識情報や物質形成司令の翻訳であり、これらを物質世界である肉体において顕現化することである。
以上が意識のしくみの実態だと考えたとき、「人が死ぬ」ということは、次のように解釈することができます。
・肉体が生命活動を維持できなくなると、波動による脳と意識の場との通信も維持できなくなる。
・人が死ぬということは、脳と意識の場の通信が途切れるということ。
つまり、病気や身体への直接的被害などで肉体の生命活動が停止したとき、脳と意識の場の通信が途絶えることが「人が死ぬ」ことであり、それはすなわち、亡くなった人の意識は依然、意識の場に存在していると考えられるということです。

前章の「臨死体験」をこのような論理に基づいて考えたとき、「臨死体験」とは、肉体が危機に瀕した際に一時的に肉体との通信が途切れ、意識世界でさまざまな意識体験をした後に再び肉体が蘇生して通信が回復し、死後の世界を観てきたと感じている現象であるとの解釈も可能となるのです。

現代科学の成果は、このように、人間の意識は脳内で生まれているのではなく、別途別の世界に存在しているとの仮説を導くことを可能にします。そして、このことは取りも直さず、あなたが喪った大切な人の意識も別の世界で存在し続け、あなたと同じようにあなたのことを想い続けているということなのです。

＊元型
ユングは人間の心の奥底にはどの人にも共通してイメージの元のようなものを持っていると考え、これをアルヒェテュープスと呼んだ。日本語で「元型」と訳されている。
＊＊アイボ
ソニーが開発した犬型のペットロボット。

第三章　不思議な団体との邂逅《かいこう》

前の章でご説明した「意識」であるとか「波動」であるとか、あるのかないのか明確でない「怪しげ」といえるものについて、その存在自体を認めることができない人は多いと思います。前に述べたように、父が急逝したとき、私もそんな怪しげな世界はないのだと結論し、曖昧な世界を否定していました。

けれども、この世の中には実際に理解を超える現象があるものです。そんな不思議現象に面と向かうと、それまで自分が信じてきた常識や基準が大きく影響を受けることになります。私も、そんな経験をしました。

衝撃の物質化現象

姉が亡くなって間もなく、「世の中のしくみ」探究を決意したころの一九九四年十一月、私[33]はあるテレビ番組を通じて衝撃的なシーンを目撃しました。この番組では、インドの聖者サティア・サイババによる物質化現象といわれるものが取り上げられていました。

サイババは、聖者としてインドでは広く知られている人です。二〇一一年に亡くなっていますが、自ら「神の化身」であると名乗り、愛の大切さを唱え、すべてに神が遍在していると説き、精神的な指導者として多くの人々の敬愛を得ているといわれます。

そのサイババが人々の耳目を集める理由の一つに、奇跡の顕現があります。テレビなどで紹介され広く知れ渡っているのですが、その代表的な事例が物質化現象です。サイババの祝福を受けるための集い「ダルシャン」には、多くの人が集まります。その人々の間を縫って歩き、サイババは祝福を与えますが、その際、手から「ビブーティ」と呼ばれる「聖なる灰」を出したり、別室での個人的な面談の場では、指輪、ネックレス、時計などの貴金属を、手をグルグルと回して空中から取り出し、信者らに与えるというのです。私が観たのは、それらの様子を取材した番組でした。

オレンジ色の服をまとい、聖者にふさわしい落ち着いた風貌のサイババは、人々の間を歩きながら、時に立ち止まり、手のひらを下に向けてくるくると地面と平行に回し、手のひらの下の空間をつかみ取るようにすると、確かに手から灰のようなものがこぼれ落ちてきます。同じ要領で、貴金属も取り出すといわれています。このような現象を認めようとしない人々からは、サイババといえばインチキ手品師の代表のように中傷されていますが、実際の人物像は、そのような胡散《うさん》臭いものではありません。多額の寄付などにより社会貢献度も高く、インド国民の多くから敬われており、亡くなった時にはインドの首相が追悼の意を表しています。

それにしても、これは本当に「物質化」した結果なのでしょうか。議論は二つに分かれており、信者には肯定派が多い一方で、当然のことながらインチキであるとの指摘もあります。一般的に考えれば、そのありさまはまさに手品のようであり、インチキとの批判が出るのもやむを得ないところです。

ですから、私が驚いたのも、この場面ではありません。私が衝撃を受けたのは、物理学ではまったく説明できない現象が恒常的に生じ続けているという信じ難い場面でした。

番組は、サイババの寄付によって運営されている孤児院を取材しました。そこでは、二十年にわたり、数々の奇跡が起こり続けているからです。神聖灰「ビブーティ」と呼ばれる粉が、サイババの写真から次々に吹き出してくるという現象もその一つです。その写真には、顔の輪郭を残すように灰が張り付いているサイババの若き日の姿が映し出されていました。

なかでも衝撃的だったのは、孤児院の院長が取り出したペンダントヘッドに生じている現象でした。そのペンダントヘッドはサイババの肖像画がプリントされたもので、一見なんの変哲もないようにも見えます。しかし、驚くべきことに、そのペンダントヘッドから二十年間にわたって聖なる蜜「アムリタ」が流れ続けているというのです。

ペンダントヘッドは、異なる肖像のものが二つ。それらが、院長の手で、透明な液体で満たされたステンレス製のマグカップ様の器からスプーンですくい上げられ、訪問した人の手のひらに載せられます。すると、はじめは器の中の粘性のある液体に濡れて光っているだけのように見えたペンダントヘッドが、院長がスプーンでその液体をすくい取ると、新たにそこから液体が流れ出すのが見て取れたのです。

実は、液体の中にペンダントヘッドが入れられているのではなかったのです。ペンダントヘッドを器の中に入れておくと、こんこんと液体が流れ出し、やがて器全体を満たしてしまうというのが実際だというのです。事実、空の器に戻されたペンダントヘッドが、早くも液体に沈みつつある映像が映し出されていました。

こんなことが事実としてあるのでしょうか。しかし、目の前の映像では間違いなく説明されたとおりの出来事が起こっています。

この番組は、「超常現象」を興味本位で取り上げたバラエティーなどではなく、子どもの超能力の実態を探ることをテーマにした、極めて真面目な情報番組です。その性格と目的、構成、映像の成り立ちなどから見て、トリックが介在しているとはとても考えにくい状況でした。信じ難い現象ではありましたが、私はこれを「事実」として受け止めました。このようなスタンスの番組で嘘の情報を流すなどという無責任な行為を、社会の公器であるテレビ局はしないだろうとの判断からです。実際に映像を見ていない人には一笑に付されそうな話ですが、番組を信頼したとき、まずその現象を受け止めるべきと考えました。

そして、事実としてこのような現象があるのであれば、この世の中にはまだ解明されていない未知のしくみが必ずあるはずだと確信しました。

思いもかけず不思議な団体と出合ったのは、そんな時でした。

A社との邂逅

「保険に入らなくても安心できる方法がありますよ」

そんな話を聞いて、ただちに意味を理解できる人はいないと思います。

「どういうことでしょうか」

私も訳が判らず、話をした人にそう問い返していました。私がある不思議な団体と関わりを持つことになったのは、それがきっかけです。

会社の転勤で関西地方での生活を始めたのは、姉が亡くなる二カ月程前のこと。まだ仕事にも生活にも慣れないうちに身内の大事に見舞われた私は、その後徐々に生活のペースを取り戻し、普通の生活に戻っていきました。

その一方で、「世の中のしくみの探究」をテーマとして、関連する書籍を求め、探し出してきては少しずつ読み続けていました。そのころ読んでいたのは、書籍「臨死体験」の影響から、エリザベス・キュブラー・ロス博士の関連図書など、臨死体験の内容を確認できるようなものだったと記憶しています。

ただちに理解できない話を聞かされたのはそんなころで、姉が亡くなって一年あまりが経過した、秋も終わりのことです。

話をしてくれたその人は、地元で自動車整備工場を経営するIさんでした。工場の傍ら乗用車のレンタルもやっており、私はそこでワゴン車を借りました。妻の弟一家と叔母が遊びに来てくれたので各地を案内しようと思ったのですが、自家用車では乗り切れなかったからです。ところが、八人乗りのワゴン車を運転するのは初めてで、慣れないこともあって、私は誤って車の側面を縁石でこすってしまったのです。レンタル時に修理保険がどうなっていたかよく確認していなかったので、Iさんの事務所で車を返却する際、あやまりながら修理代を心配する私に、Iさんは「修理は一律定額で済むしくみがあるので大丈夫」と説明しました。そしてその後に、冒頭の話が出たのでした。

Iさんは私より年上で、当時三十代後半くらい、落ち着いた佇《たたず》まいで、温厚そうな笑みを浮かべていました。明確なコレというものがあるわけではないのですが、私を安心させる雰囲気を持っていました。私にとって、いわゆる「相性が合うタイプ」の人だったといってよいと思います。ゆえに、私はこの人の話を聞く気持ちになっていました。

「どういうことでしょうか」

私はＩさんが何を言おうとしているのか、想像もつきません。Ｉさんは答えます。

「人にはそれぞれ持っているものがあります。それを良い方向へ変えていくということです」

何を言っているのかサッパリ判りません。ただ直感的に、一般的には「怪しい」と言われかねないことを言おうとしているのではないか、そんな予感はありました。

案の定、彼の言う「保険に加入せずとも安心できる」というのは、要するに病気や事故に見舞われる心配がなくなるということらしいのです。そんなことが本当に可能なら、これほどうれしいことはありませんが、またそんなことがあり得るわけもない、やっぱり怪しい話だなと思いながら、けれども一方で、私には「世の中の不思議現象を受け入れる素地」が整いつつありました。不思議現象を解説する書籍の読書を通じて、「自分にとって必要な人物・事象等には、必要なタイミングで出合うことができる」という、運命論的な考え方にも影響されつつあったのです。

もう一つ言えば、姉を亡くしたことで、血縁である自分自身の健康も心配でした。人間、生きていれば、いつどんな病気に襲われるのかは判りません。姉が亡くなった後、次女にも恵まれましたが、そのころ、娘たちはまだ二歳と〇歳であり、姉のように幼い子どもを残して逝かねばならぬことを想像するだけで、恐怖が走りました。だから、「怪しいこと」

でも好意的に解釈しようとするバイアスがかかっていたようにも思います。

「もしかしたら、自分にとって必要な情報をこの人は持っているのかもしれない。そしてこれは、自分にとってかけがえのない導きなのかもしれない」

安易といえば安易だし、この類いの考え方を否定する人から見れば全く理解できないことかもしれませんが、私はそんな思い込みもあって、Iさんの話に強い興味を持ったのです。

最初のやり取りがあったその場は、互いに忙しかったこともあって、私は改めて時間をつくって話を聞くことにし、数日後、再びIさんの事務所を訪ねました。先日と同じ笑顔と佇まいでIさんは迎えてくれました。

Iさんの説明が始まります。

「人には、それぞれに持っている『エネルギー』があります」

冒頭から、以前の自分なら関わることを躊躇してしまう、極めて「怪しい」話ではありました。けれども私の中では、その理屈の全貌を確かめたい気持ちの方が勝っていました。

Iさんは続けます。

「エネルギーの種類は二つあります。プラスのエネルギーとマイナスのエネルギーです。そして多くの人のエネルギーがプラスのエネルギーなのです」

私が口を挟みます。

「それはよかった。多くの人は良いエネルギーを持っているということですね」

「いいえ。多くの人が望ましくないエネルギーを持っているということなのです」

これも意味が解りません。エネルギーとは力です。その力は、正負を比較した時、正が良いと考えるのが普通の感覚です。正がすなわちエネルギーに満ちていると解釈できるからです。しかし、Iさんの指摘は正反対でした。マイナスのエネルギーがプラスのエネルギーに比して勝っているというのです。

「プラスのエネルギーというのは良いエネルギーではありません。病気や事故など、望ましくない出来事を引き寄せるエネルギーなのです。マイナスイオンというのがありますよね。あれと同じで、マイナスエネルギーは人間に良いエネルギーであり、病気や事故を寄せ付けません」

なるほど、マイナスイオンは妙に納得させられる根拠ではあります。けれども、病気はまだしも、偶発的に起こるはずの事故までも寄せ付けないとはどういうことなのでしょうか。

納得できない顔の私にかまわず、Iさんは細い鎖の先に二〜三センチの金属の棒が付いている道具を取り出し、私の手の甲の上にぶら下げました。

「この振り子の動きを見てください」

その金属の振り子を見つめていると、少しずつユラユラと動き出し、やがて回転を始めました。

「左回りにまわっていますね。これがプラスエネルギーを示しています」

Ｉさんは、次に自分の手の甲の上に振り子をぶら下げました。すると、今度は逆回りを始めたのです。

「私の場合は右回りとなります。私のエネルギーはマイナスエネルギーなのです」

いわゆる「ダウンジング」でエネルギーの性質を示したということなのでしょう。

しかし、いくら私に「不思議な現象を受け入れる素地が育ちつつあった」といっても、こんな事例を簡単に信じるわけにはいきません。仮に、このダウンジングに、何らかの原理に基づく一定の判定能力があったとしても、実施者の恣意的な操作はいくらでも可能です。私はかなりの猜疑心《さいぎ》を抱きながら聞いていました。

「エネルギーがプラスエネルギーからマイナスエネルギーに換わると、病気になることはなく、事故にも遭いません。軽いものなら、人の病気を癒やしたり、またエネルギーの力によって消耗して使えなくなった乾電池を再び使えるようにすることもできます」

「電池って、どうやれば復活するのですか」

「乾電池のマイナス極、出っ張っている方とは逆の平らな方ですが、ここに息を吹きかけます」

（……ほんまかいな）

素直に受け止められる話ではありませんでした。

「通常の人が持っているプラスエネルギーをマイナスエネルギーに換えることを『エネルギー変換』といいます」

聞けば、Iさん一家は奥さん、二人のお子さん、それにIさんのご両親もすでに変換されていると言います。

「どうやって変換するのですか」

「変換をすることのできる、力のある人がいるのです」

（……怪しい）と思いつつ、

「どういうしくみなのですか」

「科学的な根拠に基づくものですが、今の科学ではすべてを説明できません」

（フーム）

私は猜疑心の塊でした。本当にそんなことが可能なら見せてほしい、そう思っていました。

するとIさんは、懐中電灯を持ち出してきました。そして、スイッチを入れて明かりを点《つ》けてみせました。

「結構使ったので、電池が消耗しています」

なるほど、白色というより赤みがかった明かりで、電池の消耗が見て取れました。私が確認するとIさんは懐中電灯から電池を取り出し、先ほどの説明通りに何やらぶつぶつ言いながら電池のマイナス極に息を吹きかけました。それを幾度も繰り返して再び懐中電灯に電池をセットし直し、スイッチを入れました。

「どうですか。明るくなっていませんか」

言われてみると、確かに少し赤みがとれ、少し明るくなった感じがしないでもありません。でも、これはあり得ることだと思っていました。電池はそのしくみから、温めることである程度パワーが回復します。小学校の時に先生に教わり、温風式のストーブの上で温めてその効果を確認したことがあります。取り出していじくりまわせば、温まったことで復活することはあり得ます。だから、これでは証明とはいえません。

「傷を治すこともできるのですか」

実はこの時、私は口の中の深い傷に悩まされていました。このころ私は、ある格闘系武道の道場に通っていました。通常は危険な目に遭うことはないのですが、たまたまその一週間くらい前に兄弟子に厳しい稽古をつけてもらいました。その際、直拳突きを顎にまともに受けてしまい、その時口の中の下部が下の前歯に二～三センチの幅でザックリと刺さり込み、深い傷を負っていたのです。その深さは、内側の傷の最深部から顔の表皮まで数ミリしかない状態であり、今思えば病院に行かねばならない重傷だったのだと思います。けれども、口の中のことでもあり、我慢していれば傷がふさがると思い込んで耐えていたのですが、食事の際に少しでも油断すると傷が開いてしまったりして食べ物を口に入れるのはつらかったし、味噌汁など飲める状態ではありませんでした。

「この傷、治してもらえますか」

私はIさんに傷の経過を説明し頼んでみました。

「やってみましょう」

Iさんは事もなげに承諾しました。

一抹の不安を覚えて私は尋ねました。

「どうやるんですか」

「患部にエネルギーを入れるのです」

「あの、具体的には……」

「息を吹きかけるのです」

私はギョッとしました。私の下唇の下辺りをめがけて、四十近い男性のＩさんが息を吹きかけてくるなど、どう考えてもまともな情景ではありません。その不安を察したＩさんは、

「いえいえ、安心してください。直接ではありません。簡易な人体図を用います」

「じんたいず？」

Ｉさんの説明によると、紙に描かれた人体の模式図を私の身体と規定することで、直接身体に息を吹きかけるのと同じ効果が得られるとのこと。説明の真偽はともかく、私は安心して「エネルギー注入」をお願いすることにしました。

かくして、私の氏名など所定の書き込みがなされた「人体図」の患部に対してＩさんは息を吹きかけ、何事かをつぶやき、それを何度となく繰り返しました。

何か不思議な光景を見ているような思いでした。こんなことで本当にこの傷が良くなるのだろうか。私には信じられません。しかし、Ｉさんは自信たっぷりに作業を続けています。

（これで傷が癒えるのであれば、そういう力があるという証明にはなるな）

私はさして期待もせず、心の中でそう呟いていました。

傷の反応

この時、付け加えて聞いた「エネルギー変換」についての情報は、次のようなものです。
①エネルギー変換は誰にでもできるものではない。宗教に深く関わっている人は変換できない場合がある。
②エネルギー変換は株式会社であるA社で対応している。A社は科学に基づくエネルギー変換を実施する事業体であり、宗教団体ではない。Iさんはその会員。
③このエネルギーは幸せになるためのあらゆることに効果がある。商売繁盛、事業の成功など、正しく使えば思い通りに事が運べる。故に保険も必要ない。
④変換に必要な経費は、一人につき十数万円。要先払い、分割不可。

宗教団体ではない、費用は十数万円、これが本当に科学に基づくもので、説明されたような効果があるのであれば、それほど高い費用とも思えません。けれども、そんなうまい話が本当にあるのでしょうか。自身は事業をしっかりと成功させているように見え、社会人として常識人たるこのIさんは、効果があると言っています。けれど、原理はどうなっているのか、いやいや、こんな事象に原理を求めること自体に無理があるとも思える、でも原理が説明できなくては科学ではないのでは……。

私は、これまでに自身で培ってきた価値観と、新たに受け入れる素地が出来つつある新しい価値観の間で、対処の仕方について考えあぐねていました。もっとも、考えたところで結論の出るようなテーマではありません。ただ、番組「異変・超能力を持つ子どもたち」で見たペンダントヘッドの例もあります。だから、この話が全くインチキであるとも言い切れません。まず事象を確認することが大切ではないのか。

そんな思考回路を経て、私は、説明された効果が事象として顕現するか、それが最も重要なことであると思いを定めました。「エネルギー注入」を得た傷の治癒推移を見守ることにしたのです。

先の傷の説明は、決して大げさなものではありません。あの時の食事は、毎回つらい思いでした。あの一週間は本当に恐る恐る食事をし、傷が開かぬように注意して食べていましたが、しばしば弾みで傷口がぱっくりと開き、激痛が走ったのです。

Iさんに「エネルギー注入」をしてもらったその日の夕食では、大きな変化は感じませんでした。当然のことながら「エネルギーを入れてもらった」からといって、安心して食事ができたわけではありません。それまでどおり恐る恐る食事をしたのですが、ただ傷が開くことはありませんでした。

ところがその夜、私は驚かざるを得ない事態に見舞われました。その夜の就寝後、うとうとどろみながら傷口に変化を感じたのです。それは、プルプルという極めて小刻みな振動が傷口に生じているという感覚でした。細胞の一つ一つが修復されつつある、そんな感じであり、とても心地のよいものでした。スティーヴン・スピルバーグの有名なSF映画「ET」で、宇宙人であるETがヒトの傷を治療するのに指先から不思議な光線を出し、ゆっくりと修復してしまうシーンがありますが、まさにそんなイメージです。

傷口にいつも違和感を覚えていたのですが、翌朝、それが消えていました。まさか、本当に良くなったのかなと、半信半疑で味噌汁を飲んでみました。すると、信じられないことに、傷口はしっかりとくっついている感じで、味噌汁がしみて傷口が痛むようなことは全くなくなっていたのです。

（ほんまかいな）

肯定的な感想でした。確かに傷は良くなったのです。一概には信じてもらえないかもしれません。きっとこの話を聞く多くの人は、「本人が気づいていないだけで、治癒は進んでいたのだ」とか、「たまたまそういうタイミングだっただけ」とか思うことでしょう。しかし、当時この傷に悩まされていた本人としては、そんなことでは納得できませんでした。夜中の「プルプルという極めて小刻みな振動」という実感もありました。Iさんの言う「エネルギー」は本物かもしれない。重症だった傷が癒やされたことで、私はそう感じ始めていました。

エネルギー変換の効果

私は、傷の劇的な回復をきっかけにIさんの話を受け入れられるようになっていました。そして、この力が本物であるとするなら、十数万円という費用はむしろ安いくらいに思えてきたのです。

「Iさんの言うように、これがまだ説明原理を明確にできない『科学』であるなら、将来的には社会に浸透していくことになるのかもしれない。オカルトまがいのこのような事象に対しては、この社会はまだまだ寛容ではない。周囲からはおかしなことを言い始めたとの誹《そし》りを受けるかもしれない。けれども、現実に劇的な力を自分は体験したのだ。これは本物に違いない。ガリレオ・ガリレイも同様だった。宗教からの弾圧にもめげず主張を貫き、それが正しかったことを歴史が証明したではないか。自分はガリレオ・ガリレイになるのだ」

恐れ多くも希代の大科学者と自分を同列になぞらえて、自分の臨もうとしている、まだ社会では受け入れられていない「未体験ゾーン」を肯定しようと躍起でした。

このころ私は、「マーフィーの黄金律」などの運命論的な書籍や、先にも示した不思議現象を紹介するテレビ番組などを通じて、物理的な法則だけでこの世の中を説明できないことに確信を持ち始めていました。そのことも、自分が感じた効果を肯定的に受け止める大きな要因になっていたのでしょう。何より、自分が姉のように、幼い子どもを残して死んでしまうことがないよう、何かに頼りたかった気持ちが心の底に強くあったのかもしれません。不幸になることはない、幸福にしかなり得ないエネルギーとの説明がとても魅力的だったことは否めないところです。

このような成り行きで、私はエネルギー変換を受ける決意をするに至ったのです。

すぐにその意向をIさんに伝えましたが、実際の事の運びに慎重なのはIさんの方でした。時間をかけて、関連事項をいろいろと説明してくれました。
・宗教を肯定し継続する意思のある人間は変換を受けられないこと。また変換後も宗教行事に関わることは避けるよう指導されること。
・薬品を使うとエネルギー変換の効果は期待できなくなること。
・占いには関わってはならないこと。
どれも意味合いのよく判らないことでしたが、もともと単純・一直線気味の傾向がある私は、自分の傷口治癒体験から「この『エネルギー変換』は本物であり、いわば運命の出合いをしたのであって、この機会を逃してはならない」といった思い込みが先に立ち、示された条件をすべて良い方に解釈して、妻とともに「変換」に臨むことを決めました。妻も私と同様、こういう特別な団体とコミットするタイプの人間ではありません。けれども彼女は、大変素直な資質の持ち主なので、これまでの一連の私の体験と考えを逐一共有してくれていたところがあり、「共感して」というよりも、私を「尊重して」くれて、今回の決断に付き合ってくれることになったのです。

「エネルギー変換」のための手続き自体は、実に簡単なものでした。紹介者であるIさんに伴われ、私たち夫婦はA社を訪れました。そこで簡単な説明を受け、書類に必要事項を記入し、二人分の変換料を支払って完了でした。変換はその夜に行われるとのことでした。どこにいても、どんなに遠くても、その『能力者』が変換を実施することで私たちのエネルギー変換は成就されるという説明です。

「エネルギー変換」後の実感は、率直にいって、全く何の変化もありませんでした。これまでになく身体の底からエネルギーが湧いてくるとか、寝ないでも平気だとか、何もかもがうまく行き出すとか、「あわよくば」と期待していたことは何一つ生じることはありませんでした。もっとも、ただちにそんな効果があるとの説明もなかったのですが、自分にとっては決して安くない投資額を意識した時、それに応じた対効果を期待する気持ちがあったのです。

そこで私は、早速、自分に備わったはずの「能力」を確認してみることにしました。そしてまず、一番簡単にできて解りやすいのは電池の復活だろうと考えました。その時、ガソリンスタンドで車の燃料を給油した時におまけでもらった単三電池で点くキーホルダー型の懐中電燈を持っていました。私はその日、通っていた格闘武道の稽古があったので、道場への往復でその電池を消耗させ、帰宅後〝復活〟を試みることにしたのです。

十時半過ぎに帰宅すると、家族はすでに二階で休んでいました。車の中に点け放しでぶら下げておいた懐中電燈は完全に電池を消耗し、点灯することはありませんでした。私は早速、一人で電池の復活に挑戦してみることにしました。まずは懐中電燈から単三電池を取り出し、Iさんから教えられたとおりにマイナス極に向けて息を吹きかけ、そしてその際に望んでいることを声に出して唱えました。

「この乾電池は復活する!」

こんな姿を他人に見られたら、何と言われるだろうか。そんなことが頭をよぎりながらも、私は懸命に息を吹きかけ、想念を込め続けました。何しろ、大枚をすでに投資しているのです。もし思い通りに「幸福」に成りきれなかったとしても、せめて電池は買わなくて済む程度のことは回収したいものだ。私はそんなケチな考えにもとらわれていました。

ある程度やってみたところで懐中電燈に装填《そうてん》し、スイッチを入れてみました。

「やや？」

ごくわずかでしたが、豆電球のフィラメントが赤くなっているように見えます。復活したのかとも思いました。けれども先に述べたように、電池は温めればある程度復活します。手に取って作業をしていたので温度による影響は否定できないし、この程度では復活とはいえません。

そこで今度は、懐中電燈に装填したまま試してみることにしました。台所にちょうど肩の高さくらいになる棚があったので、そこに豆電球がこちら側に向くようにして置いて、「エネルギー注入」を試みました。

今度はマイナス極に直接息を吹きかけることはできないのですが、必ずしもその必要はないとの話もありました。吐く息から物理的直接的にエネルギーが注入されるということではないようです。「想い」が大切であるとも聞いていました。私は懐中電燈を置いたまま、さっきと同じように懐中電燈全体に息を吹きかけ、電池の復活を声に出して唱え、手からエネルギーを発するようなイメージで手をかざしたりしました。このような事象を頭から否定する人から見れば、理解できない行動でしょう。

ところが、幾度か繰り返しているうちに、驚くべきことが起こったのです。豆電球のフィラメントに明らかに赤みがさしてきたのです。私はやや興奮しながらも、作業を続けました。フィラメントは徐々に明るさを増し、ついには点灯したといえるレベルまでにすっかり明るくなりました。

いったい何が起こったというのでしょうか。こうなるとは聞いてはいたし、期待もしていました。けれども、実際に目の当たりにすると、驚きの方が先に立ってしまったのです。全く手もふれず、想念を送り込んだだけです。その動作に合わせて懐中電燈は反応したのです。近くに磁気はなかったし、二月ごろのことでしたが、暖房も近くにはありませんでした。どう考えても科学的な説明はできませんでした。

（ほんまかいな）

喜びの感情でした。驚くべき事実を目の前にして、大金を払ってこの不思議な世界に関わろうとした自分の判断が正しかったのだと確信し、うれしくなったのでした。私は興奮して懐中電燈を手に持ち、妻の休んでいる二階へ報告のために駆け上がりました。

A社のルール

後日、Iさんから今後のエネルギー活用について説明があるので話をしましょうとの連絡があったので、私たち夫婦はIさんの事務所へ出かけました。私はさっそく懐中電燈の一件を報告しました。Iさんはいつもどおりの落ち着いた笑顔で頷いていました。そして、それはさも当たり前のことであるかのように、エネルギーの本当の力を感じるのはこれからです、あなたがウチの車をこすった時には心配しました、マイナスエネルギーに満ちたウチの車で事故を起こす人はそうはいないはずなのです、変換をされてとてもよかった、もう心配はありません……Iさんの話は、そんな内容から始まりました。傷の治癒、電池の復活を自ら実感した私は、Iさんの話をもっともなことだと同感していました。

ところが、その後の話に、私たちはかなり戸惑うことになったのです。

Iさんは、エネルギーを高め、幸せになるためには、会員それぞれの学習による能力向上が必要だと言います。そしてその目的のために、月一回を目途に『勉強会』が催され、これに参加するのは会員の義務であり、勉強会で『エネルギー変換』について理解を深め、よりよい力を身に付けるのだと言うのです。

会員たちがそれぞれの体験を綴った文集も渡してくれました。書いている人はごく普通の、十代から高齢世代までと、年齢も幅広く、病気などで苦しんだり、経済的な苦境などから、エネルギーを活用することによっていかに状況が改善されたかが語られています。

ただ、その文集のなかで一つ、気になることがありました。文集には四十名程の人の文章が載っていましたが、その最後にはほぼ必ず、

『○○様、本当にありがとうございました』（※「○○様」は固有名詞）

と、感謝の言葉が述べられているのです。

（なんだ、この人は？）

どうやらそれは、「エネルギー変換」を実施する主導者を指しているようでした。

私は、先ほども述べたように、もともと「単純一途」の傾向を有するところがあり、当時は、一度思い込むと細かいところには思いが行き渡らなくなるという思慮不足がありました。故に、エネルギー変換というものはお金を払って実施してもらえればそれで完了と、実に単純に考えていたところがあり、変換後のA社との関わり方に条件があるなどとは考えもしませんでした。ましてや、宗教ではないはずなので、「様」付けで呼ばねばならぬ人物がいるところだとは考えてもいなかったのです。

正直に言って、後悔を伴う複雑な気持ちが生じました。けれども私は、自分に言い聞かせました。

「学習会はこの『エネルギー』を活用するための訓練であれば仕方ないし、それによって幸福になれるのであれば苦にはならないだろう。特別な人物がいても、本当に力になってもらえるのであれば感謝するのは当たり前のこと。傷は癒えたのだ。信じて進むしかない」

すでにお金を払ってしまったこともあって、何とか自分が納得できるような解釈に努めました。そして、その時点で、夫婦で学習会に参加することを決めたのです。

学習会には、子どもを伴っては参加できないルールがありました。

その日、初心者を対象とした学習会は午前と午後の二回に分けて行われることになっていましたが、私たち夫婦には就学前の子どもがいたので、午前と午後、交代で参加しました。私が午前の部に出ることにしましたが、出席者はわれわれ同様、初めての人ばかりだったようで、七～八人でした。

学習会をリードしたのは中年の女性でした。彼女は基本的なことを順序立てて説明していきました。内容はだいたい次のようなものでした。
・皆さんはA社の会員と縁があって、エネルギー変換という素晴らしいものに出合うことができた。誰でもしていただけるものではない。そのことを大切に考えてほしい。
・紹介者から基本的なことは聞いていると思うが、エネルギー変換においては次のことに注意してほしい。宗教、医薬品、占いはプラスのエネルギー。それぞれ事情もあることと思うが、エネルギーの活用を正しく実践していくためには、これらを近づけない努力をすることが必要。
・皆さんが得たマイナスエネルギーには素晴らしい力がある。それを自分で簡単に確認することもできる。例えば、使い切った乾電池を再び使えるようにすることができるし、壊れかかった蛍光灯を正常に戻すこともできる。この力を正しく活用すれば、皆さんはそれぞれの願望もかなえることができるのだ。そのためにはエネルギーのことを正しく理解することが大切である。
・この勉強会は会員が自主的に行うものであるが、皆さんのエネルギーを変換してくださった○○様のお話をいただける勉強会が毎月行われるので、これには必ず出席すること。
・A社は株式会社であるが、皆さんはお客様という気持ちは持たないでいただきたい。この素晴らしい力がいただけるのは○○様のおかげなのである。○○様にはいつも感謝の気持ちを持っていただきたい。

(ほんまかいな)

私は、話の後半で愕然《がくぜん》としていました。これでは、宗教団体と構造自体は何ら変わるところはないではないか。出席者の中には私と同様に感じた人がいたようで、一人は途中でさっさと帰ってしまいました。その人の気持ちはよく理解できました。でも、私の場合は、「エネルギーの効果」と考えられるものを実感していました。決して安くはない二人分の変換料もすでに払ってしまっています。けれども、入ってはいけない道に迷い込んでしまったような、お腹の底に何かがたまったような重い気分になってしまっていました。

それでも、一度関わり合うことを決め、明らかに効果を実感したと考えている私としては、ここで終わりにするつもりはありませんでした。簡単に帰るわけにはいきません。先入観だけで判断すべきではないとも思いました。まずは、A社と関わっていくということはどういうことなのか、それを知る必要がある、私はそう考えて、この「自主勉強会」の次に開催される、〇〇様と呼ばれる「主導者」の講演のある学習会へも参加することにしたのです。

「主導者」の講演

季節はもう春になっていました。私たちが初めて参加する全体での学習会は、あるホテルの大会議室を会場に行われました。会場にたどり着いた私たち夫婦は驚きました。すごい数の人が集まっていたからです。おそらく三百人はゆうに超える人数でした。男女とも幅広い年齢の人が集まっていましたが、特に中高年以上の婦人が多い印象でした。

受付を済ませると、座席の選《よ》り好みは許されず、係の人に指示されるまま整然と着席させられます。係はベテランの会員がボランティアとして担当しているようで、Iさんの姿もありました。

学習会は冒頭、先日の「自主勉強会」で指導をしてくれた女性が壇上からあいさつして諸注意等を述べ、いよいよ主導者の入場の時がやってきました。諸注意では、「〇〇様に失礼となるので一切の私語は慎むよう」と、厳に注意されていたため、話好きであるはずの世代の婦人たちが多いのにもかかわらず、場内は静まり返っていました。

でも、その人はなかなか現れません。天井の蛍光灯が鳴らす音が聞き取れるくらいの静けさです。

(尋常な状況ではないな)

あまりの静けさに、私はまた驚かされました。宗教的な会合というのは、おそらくこういう雰囲気に包まれているのかもしれませんが、私にとっては初めての体験です。

ドアが開く気配があり、いよいよその人が入ってきました。ごく普通の、五十前後の体格のよい男性です。にこやかに低い声であいさつがあり、話が始まりました。

私たち夫婦は、この時から毎月、全体の学習会に参加しました。その内容は、当時の私の方向性にも合致して興味深いものでした。なぜなら、その話には「科学のテイスト」が散りばめられていたからです。例えば、なぜ病気になってしまうのか、主導者はエネルギーの成り立ちに合わせて説明します。

「人体を構成する組織の電子と原子核の距離（バランス）が崩れる。それが分子の崩壊に繋がり細胞の崩壊を引き起こす。それがすなわち病気である。そしてそのバランスを崩す

郵 便 は が き

恐縮ですが
切手を貼っ
てお出しく
ださい

1 6 0-0 0 0 4

東京都新宿区
四谷4－28－20
(株) たま出版
ご愛読者カード係行

書 名			
お買上 書店名	都道 府県　　市区 郡　　書店		
ふりがな お名前		大正 昭和 平成　年生　歳	
ふりがな ご住所	□□□-□□□□		性別 男・女
お電話 番 号	(ブックサービスの際、必要)	Eメール	

お買い求めの動機
1. 書店店頭で見て　2. 小社の目録を見て　3. 人にすすめられて
4. 新聞広告、雑誌記事、書評を見て（新聞、雑誌名　　　）

上の質問に 1. と答えられた方の直接的な動機
1. タイトルにひかれた　2. 著者　3. 目次　4. カバーデザイン　5. 帯　6. その他

ご講読新聞　　新聞	ご講読雑誌

たま出版の本をお買い求めいただきありがとうございます。この愛読者カードは今後の小社出版の企画およびイベント等の資料として役立たせていただきます。

本書についてのご意見、ご感想をお聞かせ下さい。 ① 内容について   ② カバー、タイトル、編集について
今後、出版する上でとりあげてほしいテーマを挙げて下さい。
最近読んでおもしろかった本をお聞かせ下さい。
小社の目録や新刊情報はhttp://www.tamabook.comに出ていますが、コンピューターを使っていないので目録を　希望する　いらない
お客様の研究成果やお考えを出版してみたいというお気持ちはありますか。 ある　ない　内容・テーマ（　）
「ある」場合、小社の担当者から出版のご案内が必要ですか。 希望する　希望しない

ご協力ありがとうございました。

〈ブックサービスのご案内〉
小社書籍の直接販売を料金着払いの宅急便サービスにて承っております。ご購入希望がございましたら下の欄に書名と冊数をお書きの上ご返送下さい。

ご注文書名	冊数	ご注文書名	冊数
	冊		冊
	冊		冊

病気とは一言で説明できるものではありませんが、確かに細胞の破壊は病気の発現ともいえるかもしれません。しかし、電子と原子核のバランスが崩れる理由が「プラスエネルギーの影響」と説明されても、その真偽はわれわれには不明であり、主導者も科学的根拠を詳細に示して説明できるわけではありません。

「ビッグバンの際、プラスエネルギーは消滅しマイナスエネルギーのみが宇宙に残った。物質は継続のエネルギーを持ったマイナスエネルギー主体になっている」

「脳は進化の痕跡を残しており、最も内側の脳幹から大脳、大脳新皮質と三層構造を成している。脳幹までは爬虫類の脳であり、大脳は哺乳類の脳、大脳新皮質まであって初めて人間の脳となる」

「エネルギーはあらゆることを実現することが可能である。しかし、自利ばかり追求してはならない。他人もよし、吾もよしが基本である」

「爬虫類脳は最も原始的な脳で、生きるための本能が司られている。爬虫類脳はいわば利己的。この原始脳を保有し記憶の中に入り続けているものは、なかなか消し去ることはできない。エネルギーの力で爬虫類の記憶を消していくことができる」

「記憶＋意識において時間は関係していない。即座に思い浮かべられる」

当時の私は、これらの説明に興味を持って聞き入りました。爬虫類脳の話などは、なるほどと感じさせられました。その一方で、物理学的な世界の話についてはよく理解できませんでした。話の中には、湯川秀樹博士の中間子論まで登場します。けれども、原子だとか電子だとか聞けば、なんとなく「科学的」には聞こえるのですが、「マイナスエネルギー」作用の科学的根拠が示されるわけではありません。結局、「エネルギーの影響」のような最後の理屈のところを説明されても、その真偽については「信じるか、信じないか」しかないように思われました。それはまさに「宗教に基づいて成立するグループの中でしか通用しない価値観」のようにも感じられたのです。

私にその理屈の真偽の不明を乗り越えさせたのは、私の傷の治癒と電池復活体験でした。そこで私は、科学テイストに満ちた説明の「矛盾点の有無」に注意を注いでみることにしました。説明の根拠がいい加減なものであれば、いくら科学テイストに満ちていても必ず矛盾が生じると考えたからです。しかし私は、それを見出すことはできませんでした。話はいつも、結局のところ最後の理屈にまでたどり着くことはありませんでした。けれども、主導者の話に矛盾と明らかな誤りを見出すこともできませんでした。

「今の科学では説明できない世界、そんな事象はあり得るのだ」

ペンダントヘッドの不思議にふれて、思いもよらぬ事象にふれて、私はさまざまな可能性を受け入れる幅がかなり広くなっていたのだと思います。

一方で、私たち夫婦がA社との関わりを続けていくためには幾つかの壁がありました。それは、株式会社であるという話とは裏腹な、まさに宗教然とした組織のありようと、会員に課せられた義務でした。一つには主導者に対する帰依の要請であり、また一つには会員拡大の要請でした。

会員拡大の要請とは、私がIさんに紹介されたように、他の人に「エネルギー変換」を紹介し、勧誘しなければならないということです。学習会においては次のように諭されます。

「この素晴らしいエネルギー変換を理解し、多くの人に紹介することでエネルギーは向上する。より幸福になることができる。人もよし。吾もよし。多くの人にエネルギー変換の紹介を実践することで実現できる」

これは宗教の考え方以外の何ものでもないように私は感じました。傷の治癒と電池復活という、いわば「エネルギー実地体験」がなければ、おそらくこの話を聞いた時点で私は脱会したことと思います。しかしこの時は、体験の重さが私を支配していました。

さらに、私たち夫婦には、エネルギー変換を受けることにした理由が、実はもう一つありました。それは、姉の死後授かった第二子の健康上の問題でした。第二子である次女は早産で生まれ、生後数カ月で脳性麻痺と診断されていました。このエネルギーの力に頼ることができれば、もしかしたら問題を乗り越えることができるかもしれない――私の「エネルギー実地体験」は、私たち夫婦に一縷《いちる》の望みを感じさせたのです。

また、宗教然とした組織ではありましたが、そのような組織にありがちな過剰な押しつけがましさや、物品の購買を強要し金銭支出に過度な負担が生じるようなことは一切ありませんでした。私にとっての抵抗は、主導者への帰依の要請であり、会への他人の勧誘でした。変換料の他にかかる経済的負担は、月額数千円程度の会費でしたが、これは組織運営上最低限のものとして納得していました。私としては「帰依」と「勧誘」の義務を除けば、特に問題のない健全な組織と受け止めていたのです。

この組織と関わり始めた私たち夫婦は、常に揺れ動いているような状況でしたが、数回の学習会を経てさらに踏み込んだ決意をするに至りました。二人の子どもも変換を受けることにしたのです。なぜさらに深入りするのか、不思議に思われてしまうかもしれませんが、私は次のように考えました。

学習会に参加する中で、「エネルギー」とは想念・意識に基づくものらしいと理解していました。意識に基づいてその力を高めていくためには、家族皆がその力を持つ必要があるのではないかと考えたのです。中途半端に関わっていても、思うような状況を生み出すことは難しいのかもしれないとの思いでした。正直に言って、この時点においても、この組織のありようにどこまでついていけるかは自信がありませんでした。しかし、乗りかかった船です。半端な取り組みでは、すでに支払った大枚をドブに捨てるようなものです。もちろん、その倍額がそのようになるのかもしれません。けれども、半端で後悔するよりはましだと考えました。私は、自分の実地体験を背景に、このような思考回路で、家族全員の「エネルギー変換」に臨んだのです。

第四章　人間の真実

この世の中が厳然と存在する以上、そこには必ず「しくみ」があります。人が死んでしまったらその意識はどうなってしまうのかということを探るということは、すなわち世の中のしくみを探究するということに他なりません。そのしくみがある以上、その存在意義もあるはずです。なぜこの世が存在し、なぜそこに生命が生まれ、なぜ人間という高等動物まで成長し、なぜ意識を持って生命活動を営んでいるのか。哲学のテーマともいえるこれらの問いの答えを考えることは、「しくみ」探究において避けて通れないところです。

なぜかこの世に生まれてきて、日々楽しいことやつらいことに向き合い、朝昼晩と毎日三食をとりながら懸命に生きている、それが私たち人間です。その人間は意識を持ち、その意識がさまざまなことを感じ、判断し、自らの生命を保っています。けれども、意識の実態はよくわかっていません。そんな正体不明の「意識」を持っている人間——この人間とは、いったいどういう存在なのでしょうか。

この章では、やや重過ぎるテーマかもしれませんが、「人間存在の意味」について、自然現象の本質を読み解きながら考えてみたいと思います。

私たちの意識は、一人一人独立しています。もちろん、肉体としての身体《からだ》も独立して存在しています。その独立した身体は、胴体に頭と手と足が付いていて、体内にはさまざまな機能を役割分担する幾多の組織と臓器が詰まっており、そこに食物からエネルギーが供給され、身体全体が連携して活動することで、私たちの生命は維持されています。

その実態は、機械仕掛けの時計がゼンマイや乾電池のエネルギーによって歯車を動かし、時を刻んでいる様子に似ています。だからなのか、私たちは、人間の本質も機械である時計のように、部品である組織や臓器を設計図に従って組み立てた機械的なものと考えがちです。機械なのだから、使えなくなった部品は交換すればよい、そんな発想で臓器移植は始まったのだと思います。

しかし、人間の身体は、単に部品である組織や臓器の集まりにすぎないのでしょうか。生物学上、最大の謎であるとも言える「生命」も、機械的な作用で生み出すことができるというのでしょうか。

はかないエネルギーの淀み

この疑問に大きなヒントを残したのが、ドイツ人であるルドルフ・シェーンハイマーです(11)。生物学者であるシェーンハイマーは、ネズミにマーキングを施した餌を与える実験で大発見をしました。「マーキング」とは、餌に化学的な印を付けることです。タンパク質に含まれる窒素を重窒素に置き換えることで印を付けた餌を、ネズミに三日間与えました。その上でネズミを解剖し、すべての臓器と組織において重窒素の有無を確かめたのです。

シェーンハイマーは、当時の生物学の考え方に沿って、ネズミが食べた餌はそのほとんどが生命維持のためのエネルギーに使われ、重窒素の大部分が尿として排出されるだろうと考えました。ところが結果は、まったく異なるものでした。約七割の重窒素が、体中の臓器や組織に散らばって存在していたのです。つまり、古い窒素分子と置き換えられていたということです。詳細な検証の結果、それは食物を摂取する度に生じていたことが判明しました。つまり、身体を構成する分子は、食べ物を食べる度に、その食べ物の分子に常に置き換えられ続けていることが判ったのです。これは驚くべき発見でした。

人間が食事をしても、外見上は何の変化もありません。食事をしている人がそこにいて食べているだけです。ところが体内では、猛烈なスピードで身体を構成する分子が食物由来の分子に置き換えられ、変化し続けているというのです。これはつまり、生命体は常に変化し続ける「流れそのもの」だということです。

私たち人間は、個別に独立して機械のように固体的に存在していると感じられ、信じられてきました。けれども実は、そのような確固たるものなどではなく、「たまたまそこに密度が高まっている分子のゆるい『淀み』でしかない」(11)ということなのです。

この実態から、生命体としての人間というのは、イメージとして「球状に寄り集まったガスの集積体」のようなものであるといえます。「確実に」「固体的に」「強固に」存在しているのではなく、常にエネルギーの流れの中にある弱い存在なのです。

考えてもみてください。身長のわずか数倍の高さから落下したり、地震や事故で身体を打ちつけたり、津波や竜巻などの自然災害に巻き込まれたりしたときの人間の、なんと脆《ぜい》弱《じゃく》なことか。まるで、ガスの集積体が弾けて飛び散るように死に至ってしまうではありませんか。人間を肉体的身体的な視点で見たとき、それは決して確固とした機械的なものではなく、常にエネルギーの流れの中にあり、ガスの集積体のように脆弱で、はかないものです。

しかし一方で、人間を意識の面からみたとき、脆弱ではかないものだといえるでしょうか。私は違うと思います。いわゆる「精神力」は、時に強靱《きょうじん》な力を発揮します。異常天候の山や外洋で遭難した人の中には、同行者が次々と力尽きていく状況で生還した人が少なからずいます。これは、体調・体力の差もあるとは思いますが、基本的には「生きなければならない」「家族のためにも生き延びるのだ」という強い信念・使命感に裏打ちされた、強い精神力によるものではないかと考えられます。精神力とは、意識の力です。意識が強靱であれば、ある一定の条件までしか耐えられないはずの脆弱な肉体も、そのリミットラインを越えて耐えることが可能になる、そうことではないかと思います。

また、よく考えると不思議なことに気がつきます。日々、分子が置き換わり続けている人間の肉体は、ほぼ一年でまったく別の分子に入れ替わります。けれども私たちの意識は、幼いころから何も変わっていません。知恵がつき成長しているとは感じますが、かつてさまざまな場面に遭遇して考えていた「意識としての自分」と今の「意識としての自分」に本質的な違いは感じません。その変わらない自分の意識は、睡眠、あるいは麻酔などの特殊な状況以外では途切れることはなく、自分は一貫して自分として意識され続けています。肉体を構成する物質がまったく別物に置き換わっても、自分の意識は自分のままで保つことができるのです。この事実は、意識は物質に依存しない可能性を高く示唆しています。

これらの意識の持つ力と特性、脳のしくみと構造が極めて単純であり、その脳が通信機能を持つ可能性があることを前提として、人間の構成要素を「意識」と「肉体」に分けて考えたとき、どちらが人間の本質であると感じるでしょうか。私は素直に、人間の本質は意識にあると感じるのです。

この感覚によって、意識は別途別の場所に存在し、人間の本質は意識であるとの仮説を、強く再認識させられます。そしてこのことは、これまでの常識を覆《くつがえ》す概念を生み出します。つまり、肉体が意識を生み出しているのではなく、別途別の場所に存在する本質たる意識が肉体をまとっているという考え方にたどり着くのです。

人間の生きる理由《わけ》

では、人間の意識はなぜ肉体をまとって生まれてくるのでしょうか。その理由を、福島大学経済学部元教授である飯田史彦氏は、明快に説明しています。意識が肉体をまとってこの世に生まれてくるのは、苦しいことを経験し意識を成長させるためだというのです。

飯田氏は、教授時代に発表した学術論文「生きがいの夜明け～生まれ変わりに関する科学的研究の発展が人生観に与える影響について」において、「人は生まれ変わっている」としか考えられない客観的な事実を示して、世に衝撃と希望を与えました。その反響に応えて出版されたその後の著書[12][13]においては、さらに踏み込んで、この世は魂（意識）の修行の場であり、人生の目的は魂（意識）の成長であると説明しています。

この、人間が肉体をまとって生まれ生きてゆく理由、人生の目的について、多くの人は猜疑心を持つかもしれません。けれども、私はなるほどと合点がいきました。

まず納得できるのは、意識世界と物質世界における「理解力」「知る力」の大きな違いから導かれる、肉体を持つ必要性です。意識が本質であると仮定したとき、意識の世界の中だけで意識の成長は難しいのではないかということです。

「経験しなければ解らない」

このことは、日常私たちが感じていることです。例えば、何かの仕事を一つ覚える場合を考えてみます。仕事の手順の説明を受け、その進め方のビデオを見せられ、理屈の上でも形の上でも充分理解したと意識は感じます。特に子どもは、聞いて観ただけで、すっかり自分はできるものだと思い込みます。けれども実際には、耳目だけでは身に付かないものです。意識の上で理解し仕事ができるつもりになれても、実際に完成した仕事をすることはできません。解ったつもりで解っていない、それが聞いて観るだけ、耳目だけ、意識の上だけでの実態です。

ところが、実地に指導を受けながら、実際に身体を動かしながら仕事を覚えると、それはただちに身になっていきます。すなわち、アタマだけでは、意識の世界だけでは「意識体としての人間の心」は物事の本質を理解することはできないということであり、物理的体験が必要なのです。それ故、意識は人間として肉体をまとって物質世界に生まれてくる必要があり、その物質世界でのさまざまな体験を通じて意識は成長を遂げていく、そういう理解です。

さらには、この物質世界で生きてゆく大変さからも理解できます。生き抜いていくためには、毎日食べなければなりません。人間が苦労をするために生まれてきたとするならば、これは絶妙なしくみです。食べ物を得るためには、仕事をしなければなりません。その仕事は、古い時代では狩猟であったり可食動植物などの採集であったりしました。農耕が生まれた時代は食物を育てることが主な仕事でしたが、現代では多くの人が組織に勤めて給与を得る形で仕事をしています。仕事は、いつの時代も容易ではありません。さまざまな苦労が伴います。けれども、食べていくためにはその困難に耐えて、仕事をし続けなければなりません。そこに「意識が成長する機会」があるのです。

しかし、普通に考えれば、仕事で苦労するのは当たり前のことです。あまりに当たり前過ぎて、その苦労に「理由」があるなどとは、普通の人は気づかないかもしれません。しかし、重大な身体的障害を抱え周囲の人の協力を得ながらその状況を乗り越えて生きている人は、苦労・困難の受け止め方がまったく違います。「生きる」ということについての感覚は真に研ぎすまされており、心に迫るものがあります。

「盲ろう」という身体障害があります。目も見えず、音も聴こえない障害です。健常なあなたの身体が「盲ろう」状態になってしまったとしたら、どういう状況に置かれるか想像してみてください。それは、暗く音のない、嗅覚と触覚のみが残された、初めて遭遇する者にとっては孤独で恐ろしい世界だと想像できます。

そんな厳しい境遇を克服し、盲ろう者として初めて大学に入学したことで知られる東京大学教授・福島智氏は、あるテレビ番組で[31]、やはり二十歳を過ぎて難病に侵され盲ろう状態に陥った二十四歳の女性から、「生きることに意味はあるのでしょうか」との悲痛な問いかけを受けました。それに対し、福島氏は次のように述べています。

「生きている意味はあります。私たちに生きる意味がなければ、人間に存在する意味はないと思います」

女性はその言葉に涙を流していました。きっと、それまでの自分と運命との格闘を振り返っていたのでしょう。彼女は、福島教授の言わんとすることを瞬時に体得したかのように見えました。

他人から納得のいかないことを言われたとか、自分が評価されないとか、仕事が思い通りに運ばないとか、日常自分で言っている言説のレベルのどうでもいいことに愕然とします。

人が生きてゆくということには、どんな人にとっても厳しさがあります。けれども、盲ろうなどの厳しい障害に見舞われた人たちは、健常者にとっての厳しさとは比較にならない厳しさと敢然と闘い、日々を乗り越えているのです。

福島教授はまた、別の番組で[32]、生きる意味について次のように語っています。

「私は、何が幸福で不幸かというのは、もちろん人によっていろいろあるだろうけれども、すごくしんどい経験をしたときにね、つらさ、苦悩っていうものにも何か意味があるんじゃないかと思うようにしようと――。実は、同じようなことを言っている人はたくさんいることがわかった。ナチスドイツの収容所に入れられた人で、ヴィクトル・フランクルという人がいるんですが、彼の本を読んでいて、すごい公式に出合ったんです。その公式は『絶望＝苦悩－（マイナス）意味』っていうんですね。これが何を意味するかというと、『－（マイナス）意味』を移項したら『絶望＋意味＝苦悩』。意味がない苦悩が絶望である、苦悩と絶望は違うんだ、ということを彼はアウシュビッツの経験で言っていて、私は同じことを十八歳のときに考えて、全然違う時代と状況で、似たようなことを考えているということに出合って、すごく感動しました。苦悩があるから、しんどいから不幸って簡単に考えるのではなくて、意味をそこに見出せれば、それは絶望ではない。新しい豊かな人生を見つけられるかなって、思っています」

　福島氏は、「しんどさ」にも意味があると思うことで、心豊かに生きられることを教えてくれています。身体に障害を持たない者から見れば、想像すらできない非常に厳しい逆境ですが、その苦難を乗り越えることに「意味」を見出し、そのことによって豊かさを得るという生き方を、福島氏は実践しているのです。福島氏のような苦難を歩いていない人と比較して、福島氏の意識は明らかに一歩も二歩も先を行っていることは明らかです。これはつまり、意識が進歩・成長しているといえる状況です。

「人間が生きる目的は意識が成長するためである」

まさにこのことを指し示している実例の一つではないかと思います。

世の中の主役

人間存在の目的が、別次元に本質として存在する意識の成長のためだとすれば、それを実現するために意識が肉体をまとって人間として生まれてくるという言い方が可能となります。意識の成長のために肉体を持った人間が必要ということです。この考えに従ったとき、宇宙として存在するこの物質世界は人間のために存在している可能性が浮かび上がってくるのです。

そんなのは勝手な思い込みではないのか、人間のための世界であるなら、人間だけがいればよいではないか、人間だけが生きているのではない、そんな反論もあるかもしれません。

確かに、私たちの住む地球上に限ってみても、実に多様な生物が満ちあふれています。その事実がありながら、この世は人間のためにあると主張するのは、人間の傲慢《ごうまん》さの表れと言われてしまいそうです。

けれども、私はこの生物の多様性さえも、人間が生きてゆくために顕現されているのではないか、そう思えてならないのです。これも、人間は食べなければ生きてゆけないことが理由になります。

地球上の生物は、微生物も植物も昆虫を含めた動物も、一種だけ独立して存在することはできません。生態系の中で、それぞれの役割を果たすことで種として生きてゆくことができるのです。近年、生物の多様性は重要であるとの認識が広まっていますが、多様性がなければ生態系は成立せず、生物全体の存続を脅かすことになるからです。

生態系の中では、種相互にさまざまな依存関係がありますが、代表的なものは「食物連鎖」です。微生物は魚類や昆虫に利用され、魚類や昆虫は鳥類に食べられ、鳥は小動物に、小動物は大動物に補食され、その大動物も死ぬと微生物に分解される、このようなサイクルを食物連鎖といいます。食物連鎖は、図にすると、食べられる立場の下位の種ほど数が多く、上位ほど数が少ない関係にあることから、三角形のピラミッド型で表されます。現代においては、人間はめったなことでは大動物に食べられてしまうことはありませんから、食物連鎖の最上位にいることになります。

地球上に生息する動植物の総種数は、未知のものも含めて三百万種～三千万種といわれています。これらの膨大な数の動植物は、他の種とのかかわり合いを持たず独立して生存することはできません。必ず相互依存している複数の生物種が存在します。地域や環境によってあり方に違いはありますが、その相互依存関係によって地球上の生態系は成立しているのです。

仮に、数種の生物が何らかの理由で絶滅したとしても、全体では大きな影響は生じません。生態系自身が持つ調整力によって、影響を緩和するからです。しかし、何百、何千もの生物種が突然消滅したとしたら、その影響はかなり大きなものになると予測できます。食物連鎖や相互依存のサイクルが崩れ、生態系は存亡の危機に陥ることになるのです。

例えば、地球への大隕石の衝突であるとか、人為的な毒物の蔓延《まんえん》はあり得ないことではありません。隕石の衝突によって舞い上がった粉塵《ふんじん》が長期間地球を覆いつくしたとき、太陽の光が遮られて一切の植物が死滅し、多くの生物の食料が枯渇し、さらには光合成による酸素の供給が途絶えて酸素が不足することになります。

ある種の毒物が悪意を持って散布されたとき、土壌を健全にする微生物が絶滅すれば、農業による食物の生産もできなくなります。ところが、生物が多様性を持つことでこの危機を乗り越えることが可能になります。光がほとんどなくても生き抜いて繁殖する能力を持つ植物や、土壌を健全にする微生物が毒物に対する強い耐性を持つ亜種を含んでいる場合は、生物としての絶滅を回避し、生態系を再生させることが可能になります。

食物連鎖の頂点は人間です。このような生態系の構造・しくみから、頂点にいる人間のために生物の多様性があるという言い方もできます。もっと簡単に言えば、頂点に人間がいるのだから種の多様性は人間のためにある、ということになります。少し言い過ぎでしょうか。

私が推測するように、物質世界が人間のため、人間の意識の進化のために存在するのだとすれば、人間以外の高等動物の意識とはどうなっているのでしょうか。意識は人間だけのもので、動物には意識はないとでもいうのでしょうか。

結論から言うと、高等動物にも意識はあると推測できます。身近な動物である犬を見ているとよく判ります。喜んだりおびえたりする感情を持っています。感情は意識がなければ生まれないはずです。警察犬や麻薬探知犬の合理的で優秀な仕事ぶりからも、意識が存在しない状態で機械的に反応しているわけではないことが理解できます。結果、動物にも意識はあるといってよいと考えます。

では、犬の意識と人間の意識の違いとは何でしょうか。

決定的に異なることがあります。犬は、自分の主人が自分を愛していることは知っています。また、自分が主人を大好きなことも知っています。ところが犬は、自分が犬であることを知らないのです。犬に限らず、人間以外の動物は、自分を客観的にとらえることができません。自分を客観視できるのは人間だけです。客観視できるからこそ、自分を振り返り、反省し、意識が成長していくことができるのです。

動物に意識はありますが、自分を客観的にとらえることはできません。この特性の違いは、すなわち、人間以外の生物はこの世界ではあくまで脇役であり、主役は人間である、そんな結論にたどり着くのです。

人間原理宇宙論

当然かもしれませんが、現代科学の主流はこのような見解を認めていません。現代科学は、あくまで自然現象の結果として宇宙が生まれ、太陽系が生じ、地球が生まれ、生物が誕生して進化を重ね、人間に至っていると考えます。つまり、偶然の積み重ねで、運よく人間が誕生したと考えているのです。ですから、人間のために生物の多様性があるとか、客観的な視点を持つ人間の意識の進化のために世の中があるなどとは考えませんし、生物の進化に「定向性」、つまり人間を生み出すという目的があるということを認めてはいません。世の中においても、現代科学に沿った見解が大勢を占めていると思います。

けれども、本当に「偶然」なのでしょうか。運が悪ければ、人間など誕生せずに、この世界はただ広大な宇宙が存在するだけで、一切の意識活動はなかったことになるのでしょうか。

「生態系は人間のために成立している」との仮説は、とりあえず私が発信する考えですが、これには根拠があります。実は、この考え方と同じような宇宙論が存在するのです。宇宙は人間のためにあるとも受け取れるその理論は、「人間原理宇宙論」[14]と呼ばれています。

宇宙に浮かぶ多くの星は、それぞれ常に運動をしています。相対性理論に基づけば、運動している星に観測者がいるとした場合、観測者によって認識できる空間と時間は、その運動状態によって異なることになり、どこから誰が観測しても変わらない絶対的な空間や時間は存在しないことになります。

このような物理学上の事実を前提にして、物理学者ポール・ディラックは、宇宙のどこでも通用する普遍的な単位が生み出せないかと考え、あらゆる基本的な物理量を検証しました。すると、とても偶然とは思えない頻度で「十の四十乗」という定数が関わっていることが判ったのです。ディラックは、この定数を宇宙の構造を決定する必然的な定数であると考え、宇宙はもともとこの「十の四十乗」でくられた物理的な関係を常に維持するように出来ているのだと考えました。

しかし、同時に次のような疑問も生じてきました。

宇宙の年齢が変化し続けているということは、それに伴ってこの「十の四十乗」という定数も、それぞれの物理的関係において将来変化するため、すべての定数が「十の四十乗」にはならないはずだという疑問です。つまり、この時代に「十の四十乗」がなぜそろっているのか、ということになります。

当時、宇宙は誕生して[*]百六十億年と考えられていました。その時間を経過した現代において、物理的関係単位の多くが「十の四十乗」でくくられているという発見は、何を意味するのでしょうか。

ディラックの研究を継承したロバート・ディッケは、一九五七年、これらを前提に、それまでの宇宙論が採用してきた方法論を百八十度ひっくり返す理論に到達しました。

「この宇宙が百六十億年という年齢になるのは、それ以外の値をとりようがないからだ。なぜなら、われわれ知性を持つ観測者が宇宙の中に生まれ、宇宙を見回し、その年齢を推定するのに必要な宇宙の内部構造の進化にそれだけの時間がかかったからだ」

この根拠は、「十の四十乗」がそろう現代は特別の時代であるという推論です。これは、原因から結果を考えるのではなく、結果こそが原因を求めるという理論であり、私たち人間が今ここに存在し宇宙を観測しているという事実から、宇宙の始まりの条件を規定してしまうということです。

このように、人間のために宇宙が存在しているとの可能性を示しているのが「人間原理宇宙論」です。

このような考え方は突飛《とっぴ》なもので、宇宙論として認められるものか疑問だ、と感じる向きもあると思います。けれども、この宇宙はあまりにも人間に都合の良いように出来ている事実があります。自然法則に含まれる物理定数がごくわずかでもズレていれば、星も誕生できなかったし、有機物の原料である炭素も生まれることはなかったと言われているのです。

「人間原理宇宙論」は、現代科学の大勢を背景に広く受け入れられている理論ではありませんが、これを否定する決定的証拠がないのもまた事実なのです。

「現象としての人間」

「人間の本質は意識であり、その意識が成長するために、厳しい体験を強いられる物質世界に肉体をまとって生まれ出てくる」

本章ではこのような仮説を提示しました。ではなぜ、意識は成長しなければならないのでしょうか。

この疑問を簡単に片づけてしまおうとすれば、生き物は皆、生まれてきたら成長しなければならないのが自然界の「しくみ」であり、宿命で、理由などないと結論づけることも可能です。もしかしたら、それも真実なのかもしれません。

しかし、それだけではなく、人間の意識が成長するのにはちゃんと理由があるのだという話も存在するのです。キリスト教の司祭で古生物学者であるテイヤール・ド・シャルダンが著書「現象としての人間」[15]で示した、人間の進化は終局の点Ω（オメガ）を目指しているのだとする説です。

一八八一年生まれのシャルダンは、宗教家であるとともにフランスのソルボンヌ大学で地質学の博士号を得た科学者でもあり、世界各地で多くの学術探検に参加し、北京原人の発掘にも主体的に関わった人物です。「現象としての人間」では、宇宙・生命の誕生・人間の三つを総合した現世界を精緻な哲学的思考をもって分析し、人間の進化には到達すべき目標地点があるとの結論を示しました。

先にもふれましたが、現代科学は生物の進化における「定向性」を認めていません。シャルダンの主張の特徴は、現代科学の見解を否定し、人類の進化には「終局点Ω」に到達するという定向性があるとしたところにあります。

シャルダンは、地球環境を「圏」で分類しました。地球の中心部を成す金属性の層を「重力圏」、その周りを取り巻く岩石の層を「岩石圏」、その上の流動的な層を「水生圏」、表面の空間は「大気圏」、動植物の層は「生物圏」と分類し、さらにもう一つの層を見出しました。それは「精神圏」です。

シャルダンは、進化史の中で人間の思考力が生まれたという事実を重視して、思考力の圏である精神圏（ヌースフェア）という概念を生み出しました。精神圏は、高い思考力を持ち進化の最先端に位置する人間の個々の精神の集まりであり、それらはやがて個人・民族・人種を越えて統合し、唯一の超人間という最終形へ進化を遂げる、すなわち「終局の点Ω」に達すると結論しているのです。

シャルダンの精神圏は、ユングの「集合的無意識」と同じ概念であると考えてよいでしょう。古生物学と心理学という、全く異なるアプローチから同じ概念が見出されたということです。この実態からも、「人間の意識の場がある」との仮説には信憑性が秘められていると判断できると思います。

ただ、人間進化の最終形は超人類であり、終局の点Ωに向かっているとの説については、なぜそのような結論になるのかの根拠は示されていません。私は、シャルダンが人類の超人類化と終局点Ωという概念に至ったのは、宗教家としての直感だったのではないかと考えています。ですから、なんらかの根拠に基づいたものではないと考えられます。しかし一方で、宗教的な直感といえども科学的造詣の深い宗教家であるからこそ到達できた結論であるとも考えることができます。

現代社会においては、宗教は信じるから救われるのであって、科学とは無関係との見方が浸透しています。祈るという行為は科学的とは言えないので、当然かもしれません。けれども私は、宗教と科学はまったく無縁な別物であるとは考えることができません。それは次のような指摘があるからです。


小惑星探査機「はやぶさ」が探査し、微量のサンプルを持ち帰った小惑星イトカワの名は、日本の宇宙開発の父と言われるロケット工学者・糸川英夫氏にちなんで付けられました。その糸川博士が、仏教の経典である般若心経と最新宇宙論には共通点があることを指摘しています(16)。

それは、般若心経の冒頭部分に出てくる「色即是空。空即是色」の文言です。糸川博士は、この文言を次のように訳し、解説します。

「形あるものはすべて空虚であり、空虚は形あるものなのです」

「色」とは物質であり、「空」とは真空を意味します。つまり「物質は真空であると同時に、真空は物質である」と言っています。そしてこのことは、本書の第一章で説明した「空間は常に揺らいでおり、物質が生成と消滅を繰り返している」という最新の宇宙論と共通している、ということなのです。

般若心経は、二五〇〇年も前に生まれた仏教の経典です。その時代に、お釈迦様はどうして世の中の科学的な原理を知ることができたのでしょうか。

「宗教的直感」のことを、全くの想像の産物でしかなく科学的な説明も不可能である、と決めつけられない理由がここにあるのです。

人間の本質とは何か

シャルダンの「現象としての人間」は、一九五五年に出版されましたが、科学では実証できない想像領域における憶断的なものとして、当時は強い批判に晒されました。ところがその後、ある事象体験を通じてシャルダンのビジョンに対する熱烈な支持者が生まれてきたのです。その体験とは「臨死体験」です。

第一章で書籍「臨死体験」からハワード・ストーム氏の事例を紹介しましたが、臨死体験者が受ける特徴的な影響の一つに、「意識の変化」があります。

コネチカット大学の臨死体験研究者ケネス・リング博士は、臨死体験による宗教観や死生観に関わる意識の変化を調査し、シャルダンの仮説に由来する「オメガに向かって」という題名をつけた本を出版しました。それによると、多くの体験者は体験後、既成の特定宗教を否定し、普遍的な宗教心、つまりスピリチュアリティ（精神性）を重んじる方向に変化する傾向が強くなるといいます。臨死体験は意識体験に他なりません。客観的に見れば、ベッドに横たわっているだけにしか見えませんが、本人の意識はさまざまな体験をしています。それらの意識体験は、夢とはまったく異なるリアリティを伴ったもので、別の意識体からの助言や自らの人生を遡って目撃する「パノラマ回想」などを通じ、反省したり気づいたりして意識に大きな変化が生じるといいます。その結果、体験者の多くは、人間の本質は物質である肉体ではなく意識にあることを強く感じるようになるのです。

体験者でありフィンランドにおいて臨死体験研究者としても著名な女性医師ルーカネン・キルデ氏は、立花氏のインタビューに応じ、「人類は今新しい進化の段階にあり、いずれ新しい高次元の世界に移行していく。肉体が存在するのは三次元世界だけで、人はそこを抜けるとエネルギー体に戻り、時間のない、愛に満ち調和した永遠の世界に入っていく。すべての存在は一つであり、全宇宙が一つである」との旨を述べています(1)。

これは、本書で整理された、「意識は成長するために肉体をまとって物質世界に生まれてきた」との仮説と極めて類似した見解です。この一致は偶然では片づけられないと思います。本書の仮説は、これまで述べてきたとおりの根拠に基づいていています。キルデ氏の結論は、オカルト的な事象を安易に受け入れて判断されたものではなく、多くの体験とその体験から得た情報によって帰結した見解といえるものです。

「人間の本質は何なのか」

私たちは今一度、より深く考えてみる必要があると思います。


ここまで、世界は人間のために存在するとの仮説を提示し、その理解に役立つと思われる自然界の実態と捉え方、関連情報を紹介してきました。

二十世紀以降、この時代も含めて、「科学の世紀」と言われています。私たちの世界におけるあらゆる事象の判断基準は、科学が決めているといっても過言ではありません。

一方で、私の列挙した主張と根拠は、一部を除いては現代科学が認めないものです。だから、読者も受け入れにくいかもしれません。

しかし、科学は絶対的に正しく、科学が認めないものはあり得ないのでしょうか。

次章では、そのことをあなたとともに考えたいと思います。

＊その後の宇宙論の進歩により、現在では宇宙の年齢は百三十八億年とされている。

第五章　科学と科学主義

A社とのその後

ここで、第三章でご紹介した「A社との関係」のその後について、ふれておく必要があります。あれからA社と私たち夫婦はどうなったのでしょうか。

二人の子どもが「変換」を受けた後も、月一回の学習会には夫婦交替で参加していました。学習会では、繰り返し主導者の尊重と「エネルギー変換」の拡大、つまり知人への紹介を求められます。これら求められていることが、まさに宗教的な要請であり、私たち夫婦にはそのことが負担になりつつありました。もともと「科学である」との説明を受け、それを信じてこの「エネルギー変換」を理解しようと努めてきたわけですが、その科学としての根拠は結局のところ明らかになることはありませんでした。

また、年始においては特別な集会が催され、夫婦そろって出かける必要があり、このときは子どもの同伴は許されるのですが、それが問題でした。子どもたちも、当然のことながら主導者に対する儀礼を求められます。当時、長女も就学年齢に近づいていたので、儀礼に応じなければならない人物について、親として説明し理解させる必要が出てきたのです。いったい、どのように説明すればよいのでしょうか。親である自分たちでさえA社から求められていることを受け止めきることができない状況で、子どもたちに対し自信を持って指導するなど、とてもできないことです。

入会当初から腹の底に何か重いものを抱えてしまったような思いを引きずってきましたが、それがいよいよどこまで抱えきれるか、瀬戸際を迎えるような心持ちになっていました。

夫婦ともどもそんな心情になっていたとき、またいつもどおり学習会へ参加する機会がやってきたのです。

その日の内容は、いつもとは少し違っていました。それは、その学習会の日の少し前に主導者氏の「お誕生日を祝う会」が行われており、参加した会員からその会の様子について報告があったのです。まさに宗教団体然とした行事ですが、A社では主導者氏は絶対的な存在であり、それ故、その人の誕生日を会員皆でお祝いすることは当然のことと理解されています。ただし、お祝いの会には会員の誰もが参加できるわけではありません。A社の方針に従う、つまりは主導者の指導に従って「エネルギー変換」を一定数以上の人々に紹介して会員を増やした実績のある者だけが、お祝いの会への出席が許されるのです。

「お誕生日を祝う会」について報告したのは、奥さんと二十歳くらいの娘さんと一緒に学習会に来ていた六十歳前後の男性でした。学習会の進行役が、企業名は明らかにしませんでしたが、大企業の重役をしている人だと紹介しました。男性は、なるほど大企業の重役らしい落ち着いた雰囲気と理知的な笑顔で皆の前で語り始めました。それは、どこのホテルで、どれだけ良い雰囲気で祝いの会が執り行われたのか、主導者氏からはどんな話があったのかなどについてであり、穏やかな口調で報告されました。そして最後に、次のような一つのエピソードが紹介されたのです。

「まさか○○様のお歌を聴かせていただけるとは思いませんでした」

予定されていたものか、ハプニング的に為されたのかは不明ですが、主導者氏が出席者の前で歌を披露したようです。

「とても素晴らしいお歌でした。○○様が私たちを想ってくださるお気持ちが伝わってくるようでした」

男性は本当に感動したようで、やや遠い目をして話していました。

「私たちは○○様のおかげでこのように幸せに生きることができると実感しました。○○様、本当にありがとうございます」

男性はやや涙ぐんでいるようにも見えました。進行役は満足そうに頷いています。

そのとき、私の中で何かが「プッン」と音をたてました。そして心の中で呟いたのです。

「そろそろ潮時だな」

エネルギー変換は科学であるはずでした。しかし、これまで繰り返し勉強会に参加しても、科学としての本質を見出すことはできませんでした。A社は「エネルギー変換は幸せになるための科学だ」と言います。しかし私は、宗教団体的側面をいつも強く感じさせられてきました。いずれA社の主張が「科学である」ことが明らかになるかもしれない、科学として疑いようのない何らかの劇的な理解が生じるかもしれないことを期待し続けてきたのですが、その機会が訪れることはないとの結論に至ったのです。

科学は普遍的であるはずです。特定の人物に帰依しなければ現象が生じないということは、一定の法則に基づいて普遍的に現象の再現が可能であることを前提とする「科学」であるとはいえません。何よりA社は、まったく宗教然としていました。この社の風潮を受け入れ、これを科学であると思い込んでしまうことは、主導者を祖とする宗教に帰依することになってしまいます。宗教的な力にすがって安心することを、私は目的としていませんでした。このままここにいることはできない、限界まで来てしまった、私たち夫婦は意見が一致し、躊躇なくその日を境にA社との関わりを終息させました。

振り返るに、私はA社の活動に思慮浅く参加してしまったのかもしれません。けれども、そのきっかけは、実際に私に生じた何らかの力による「効果」でした。そこに新しい「科学」の可能性を予感し、期待し、納得してお金を支払い、入会したのです。しかし結局、A社の主張の「科学的根拠」は見極めることはできませんでした。今考えれば、A社ははじめから新興の宗教団体だったといえると思います。あるいは、そう考えるべきだったのだと思います。けれども、私はそう考えずにA社と関わったことで、普通に生活をしていれば体験できなかった貴重な体験をしたとも思っています。そして、その体験を通じて、科学では説明しきれない世界が間違いなくこの世に存在することを、身をもって理解することができました。小さくない投資をした結果は思い通りのものではありませんでしたが、このことは私の中で一つの財産となったのです。

科学哲学という学問があります。「哲学」とは、解りやすく言えば「簡単に合理的な答えを見出すことができない問題を検討すること」です。例えば、刑法であるとか民法であるとか、法律の解釈については法律学の問題ですが、なぜ人は法律を守らなければいけないのかという根本問題については「法哲学」の対象となるといいます。

それと同じ考え方で、科学に関連して生じるすべての根本的で哲学的な問題を対象とするのが「科学哲学」です。

その科学哲学のテーマの一つに「疑似科学の判定基準」[17]というものがあります。疑似科学とは、科学的方法に基づく知見であると主張されているものの、実際にはそうではない方法論や研究などのことをいいます。簡単に言えば「科学のように見せかけて、実は科学ではないもの」が疑似科学とされるのです。具体的には、超能力や心霊的なものを研究対象とする「超心理学」や「血液型性格診断」、空間からエネルギーが取り出せるとする「フリーエネルギー研究」、正規の治療法とは異なる「代替医療」などが「疑似科学」として取り扱われることが多く、これらに共通するのは、科学テイストを持っているものの、明らかな科学的根拠を示すことができない点にあります。

こうした疑似とされるものも含めて、「科学」として取り組まれている研究やそれらから導かれる仮説や主張が科学であるのか科学とはいえないのかを判断することは、科学の重要性が巨大化した時代である今、科学哲学にとって重要なテーマとなっているのです。

A社の場合、この科学哲学の判断基準に照らし合わせて考えてみると、ことごとく、疑似科学に該当します。A社のあまりに宗教然としたあり方とエビデンスの不明確さからすれば、疑似科学であるとの評価は当然と考えられます。けれども、根拠の不明確な疑似科学ではあるものの、「現象」を体験している私の立場としては、疑似科学的なので信用できないというだけで片づけることはできません。私は、体験した現象が錯覚だったとは今も考えていませんし、現象には何らかの「原理」があるはずです。科学とは現象を解明する行為であり、疑似科学の範疇《はんちゅう》に入る現象であっても現象が生じたという事実がまず尊重されなければならないはずです。

不思議現象への態度と科学主義

超常現象とは、見えるはずのない人物を見たりする心霊現象であったり、未確認飛行物体（UFO）などの目撃や撮影、予知や予言、あるいはスプーン曲げに代表されるような、通常の物理法則に合致しない現象をいいます。

一方、「科学」の対象には客観性と再現性が求められます。「幽霊を見た」と主張しても、再び必要に応じて幽霊を再現し、しかも自分だけの主観でなく、他の人間が客観的に観測できなければ「怪しげな話」としか認識されません。再現性が不安定で主観的な目撃情報は、めったに科学の対象として採用されることはないのです。

しかし、先のペンダントヘッドのケースでは、「質量保存の法則」に完全に反する事象が再現し続けており、かつ常に客観的な観測が可能なのです。超常現象は現代科学ですべて説明できると主張している人たちは、この現象をどう説明するのでしょうか。

科学に取り組む人々の中には、自分たちの理論で説明不可能なことは起こっていない、起こってはいけないとの態度をとる人がいます。ですから、ペンダントヘッドのケースについて、次のような見解が出される場合があります。

「この状況を見せられれば、正常な頭の持ち主であれば超常現象の存在を疑うことはできない。しかし、超常現象が存在するなど、もともとあり得ないことである。したがって、これらの状況は、捏造《ねつぞう》されたものであるということができる」

すごい理屈ですが、実際に為された科学者の発言(18)をこのケースに当てはめただけです。科学で説明できない現象の存在を認めてしまうと、現代科学の基盤そのものが脅かされることになります。ですから、過度に保守的な科学者はこのような考え方に陥り、現象と向き合ってそれを真面目に研究しようとする良心的な科学者に対して批判的な態度をとることになるのです。

ありがたいことに、私の身近に二十年以上付き合っていただいている知識人がいます。仕事上で繋がりのある方なのですが、大変な勉強家で、人格温和、仕事でも高い業績を挙げられており、私は新人のころから「生き方」のようなところも含めて折々指導していただいてきました。高い営業力も持ちながら、主に研究部門を中心に活躍してきた企業人ではあるのですが、その幅広い知識と物腰、本質を見抜く力は、「学者」を感じさせます。

私は徐々に「科学では説明できない不思議な現象」の存在を認めざるを得ないと考えるようになってきていましたが、その時、科学者としてのキャリアも持つ信頼するこの人が、このような超常現象についてどのような見解を持っているのか知りたくなり、質問したことがあります。その答えは次の一言でした。

「不思議なことというのは、あるものです」

それが真の科学者のとるべき姿勢だと私は思います。まず現象を受け止める、その上でその説明原理を探究していく、それが真の「科学者としての姿勢」なのではないでしょうか。

科学とは「一定の目的、方法のもとに種々の事象を研究する認識活動」(『大辞泉』)です。よって、重要なのは現象です。ですから科学は、あらゆる事象を研究対象にする姿勢が求められます。例えば、オカルト現象といわれるような現象についても、科学は真摯《しんし》に向き合うべきです。一部ではそのような取り組みもありますが、後で紹介するように、公平に取り扱われているとはいえない側面があります。幽霊だの、超能力だのといった事象に対して、科学は正面から向き合ってきたとはいえません。

一般的にみて、科学の世界はオカルト的事象に出合うと「異常現象」あるいは「インチキ」のレッテルを貼り付けて、それで済ましてしまう傾向があります。そのような事象に近づくことは、科学の権威を汚してしまうと考えているようです。でも、それでよいのでしょうか。オカルト事象などの非日常的な事象を科学の対象から排除してしまう姿勢は、科学自らをノーマルな世界だけに限定してしまうことになります。このような姿勢は、「科学」として適正なものといえるでしょうか。

科学で何事も取り仕切ろうとし、科学以外の方法を認めないこのような発想を「科学主義」と呼びます(19)。科学主義はイデオロギー（思想傾向）であり、本来、科学の対象になり得ない事象についても強引に科学で説明しようとしたり、あるいは逆に科学の方法で解けないものは軽視あるいは無視したりする姿勢のことで、「科学」とは似て非なるものです。

科学主義的科学

「金縛り」という身体現象があります。金縛りは、一般的には、就寝中に突然身体が縛り付けられたように硬直し、驚いて目が覚めるものの、動くことも声を出すこともできない状態といわれています。加えて、その状態に陥ったとき、しばしば「心霊的体験」つまりは幽霊を目撃するなどの体験を伴うケースがあるともいわれるものです。

私も、高校二年生の夏を皮切りに、何度か経験したことがあります。初体験は夏休みのことで、その日は所属していた野球部の練習は量も多く、厳しい内容で、全身の筋肉は相当に疲れていました。

自分のベッドで就寝後の、真夜中のことでした。突然、脚の筋肉が硬直すると同時に、上半身も動かすことができなくなったのです。意識は覚醒しているにもかかわらず、目は瞑《つむ》ったままで、動くことも声を出すこともできず、同時に、何かに見られているような嫌な感覚に襲われ、「これが金縛りというやつか」と気がつきました。

正直なところ、私はこのような幽霊的といわれるものにカラキシ弱い性質《たち》なので、怖くて目を開けることができませんでした。いつしか身体の硬直は解けましたが、嫌な感じは続いていました。私はその時間の継続に耐えられず、目を開けてみることを決意しました。身体を横向きにしてそおっと目を開けると、そこには何かぼおっとした白い影が見えたような気がしました。直感的に、女性の存在という感じです。私は、「見てしまった」との怖い思いで慌てて毛布をかぶり、目を瞑って眠るよう努め、その後再び寝付くことができ、朝を迎えたのです。

今となっては、白い影が何であったのかはもちろん、そもそも実際にそれを本当に「見た」のかもよくわかりません。ただ、「金縛り」現象とは、何やら正体の判らない「心霊的」な要素を含むものかもしれないとの印象は残りました。

そんなオカルト的要素を抱える現象であることから、「金縛り」は夏の夜に語られる怪談話などにも材料として登場します。そのように注目を浴びる、ある意味で人気の現象であるからかもしれませんが、この現象を科学的に研究しその正体を明らかにしたとするテ[34]レビ番組がありました。けれども私は、この番組に「科学主義」のにおいを感じました。

それを知っていただくために、番組の概要をご紹介します。


番組の冒頭では、人間の睡眠を研究しているという大学教授が登場し、「金縛りについては生理学的にほぼ一〇〇％解明されており、金縛り状態を再現することも可能です」と述べ、その再現実験がＶＴＲで説明されました。実験の被験者は、金縛り状態に陥りやすい体質という若い女性で、頭部から顔面にかけて測定用の電極が装着され、実験用のブースの中で睡眠に入ります。ブースの外では、電極が感知したデータと女性の様子を教授がモニターしつつ、マイクを通じて指示を出すことができる状況となっています。

よく知られていることですが、睡眠状態には、夢を見ることのない深い眠りであるノンレム睡眠（眼球運動がない睡眠）と、夢を見やすい浅い眠りであるレム睡眠（眼球運動を伴う睡眠）の二種類があります。通常、人は睡眠状態に入るとノンレム睡眠に入り、一定時間経過後にレム睡眠に入るといわれます。説明のナレーションによると、金縛りを誘発する方法は、ノンレム睡眠からレム睡眠に移行するその瞬間を狙って被験者に声を掛け、睡眠を妨げ、これを繰り返して睡眠のリズムを乱し、被験者が眠ってすぐに夢を見やすい浅い眠りになるよう仕向けると、やがて金縛り状態に陥るというのです。

実験の様子は、説明通りの展開となりました。金縛り状態が生起したときのデータの変化については説明がなかったので判断基準は不明ですが、モニターしていた教授はある瞬間を捉えて金縛り状態になったと判断し、マイクを通じて目を閉じて眠り続けている被験者に声を掛けました。「金縛り状態になりましたか?」と聞かれた被験者は「今、なりました」と答えて、「この部屋の天井を見ていました」と続けました。教授が、被験者が目を閉じたままであったことを伝えると、女性は驚き、納得できない様子でした。これにかぶせてナレーションが入ります。

「女性は部屋の壁や天井を見ていたと信じています。実は、女性は金縛りのとき夢を見ていました。眠る前に実際に見た天井の光景が夢に現れたのです。眠ってすぐに夢を見始めるため、本人はまだ起きていると思い込んでいる状態、それが金縛りの正体だったのです」

一見、明快で適切な説明のように聞こえます。しかし私は、大きな違和感を覚えたのです。

確かに、常識から考えれば、このナレーションの説明は妥当なものと受け止めることができるかもしれません。目を閉じていたにもかかわらず、室内の様子を見ていたと言えば、それは夢でも見ていたのだろうということになるからです。しかし、それで結論とすることが「科学」といえるのでしょうか。

この被験者は、自分の部屋にいたわけではありません。たまたまこの日訪れた実験用の部屋で眠ったのです。眠る前にどの程度部屋の観察をしたのかはわかりませんが、なぜ馴染みの薄い部屋の様子を夢に見る必要があるのでしょうか。

教授は、夢を見る理由を次のように説明しています。

「金縛り状態になると、筋肉に動きはなく、呼吸も低下して不安定になり、脳はパニックを起こす。何かに縛り付けられているかのような身体の状態に答えを出さなければならなくなり、夢を見る。現実にはあり得ないものを勝手に想像してつくり出し、それを怖がっている」

この説明に従えば、金縛り状態に陥った人はさまざまな夢を見るはずです。別にその時寝ている部屋の夢を見る必然性はないはずです。現実離れした荒唐無稽な夢をみるケースが多くあっても不思議ではありません。

「金縛り」とは、寝ている自分がそのままの状況で、つまり、その時いる場所で動けなくなり、声も出せず、場合によっては私のように妙なものを目撃したと感じる現象です。荒唐無稽な夢を見れば、それは夢と判るので不思議でも何でもありません。番組でも説明されているとおり、金縛りの不思議なところは、見えないはずのものが見えてしまうと感じるところにあるのです。

金縛り状態が再現可能だとする身体の生理的メカニズム自体は、この実験で示されたとおりと推察できます。私の体験の時もそうでしたが、この現象は身体が疲労している時に生じやすいという実態があります。疲れが過度になると、かえって深い眠りに入れないことは経験的に理解できますし、実験で再現できるということは、もともと身体にそういう反応を示すしくみが組み込まれていると考えられるからです。しかし、「目を閉じていたから見たのは夢である」との強引な結論は、ただちに合意できませんし、科学的な判断とはいえません。

私は、この実験による結論が間違っていると決めつけているのではありません。正しい可能性もあります。ただ、従来の一般的常識に盲従し結論を導いているところに問題があると指摘しているのです。目を閉じていても見えていた可能性がないかについても、検討されるべきだと考えるのです。

目を開けていなければ見えないというのは、ごく当たり前のことのように思えます。けれども、臨死体験などの特異体験においては、ベッドに目を閉じて横になっていたはずの患者がさまざまな状況を確認していたとされるケースが数多く報告されています(1)。麻酔による昏睡状態で手術を受けたにもかかわらず、その時の手術室内の様子を「見て」いて詳細に説明したサリバン氏のケース、病院のベッドから動くことができない女性マリアが、病棟の屋上の人目に付かないところにあった特徴的なテニスシューズを「目撃」したケースなどです。臨死体験を研究しているアメリカのシアトル子ども病院小児科医モース博士は、「脳の何らかの機能」が「見ている」可能性を指摘していますが、これらの事例は、必ずしも目、すなわち眼球を通さなくとも「見る」ことができる可能性を示唆しているのです。

そもそも、視覚のしくみは完全に解明されているわけではありません。眼球を通して入ってきた光は、電気信号に変換されて脳の後頭葉にある視覚野に送られ、映像として認識されているといいます。たゆまぬ研究により、視覚野がどのような情報にどう反応しているかということは、ある程度判っています[20]。しかし、どのようなメカニズムで、結果として私たちの頭の中で映像化されているのかについては全く判っていません。視覚の機能も含めた脳のメカニズムについては、判っていることよりも判らないことの方が圧倒的に多いことについてはすでにふれました。解明されていない視覚機能であるから、「目を閉じていても見える可能性」についても安易に否定はできないはずなのです。

私は、以上の考察の流れから、この番組の結論に「科学」ではなく「科学主義」を感じたのです。もっと踏み込んで言えば、この結論は科学主義を越えているともいえます。一般的な常識に寄りかかり過ぎて、かえって非科学的側面を生み出しています。

間違いなくいえることですが、主観的体験である夢を客観的に捉えることは不可能なことです。被験者が「見えた」と主張するものを、しっかりとした検証もせずに、客観的観測が不可能な「夢」と決めつけてしまうことは、科学的な見解とはいえません。科学的な結論を導くためには、少なくとも「見えたと思い込んでいるが、実際には見えていないということ」を立証しなければならないのです。

実験のあり方は難しいものではありません。具体的には、信頼性を高めるために複数の被験者を用意して、一部だけ条件を変え、基本的には先と同じ実験を行います。変更する条件は、実験ブース内の壁の色と模様を二種類用意することです。これは瞬時に変えることができる必要があります。つまり、天井も含めた室内五方向の壁の色と模様を、被験者が起きているときと、眠っているときと、異なるものに瞬時に変えて、金縛り状態に陥った時に見たという室内の様子を被験者に答えてもらうのです。

例えば、起きているときは普通の壁にして、寝てしまったら瞬時にホルスタイン模様（牛柄）に切り替えて、金縛り状態を誘発し、金縛り状態に入ったところで声を掛け、その直前にはまた普通の壁に戻しておくのです。現在の技術をもってすれば、設定はさほど難しいことはないでしょう。この実験で、被験者が見ていたものが夢の世界か、あるいは眼球以外に視覚能力を持つか否かが歴然と判明することになります。被験者が見ていた世界が夢であれば、普通の壁を見たと答えるでしょうし、人間に目を通さずとも見る能力があるのであれば、被験者は不思議な思いで、壁はなぜかホルスタイン模様だったと答えることになるのです。

客観的に捉えることのできない要素である「夢」を引き合いに、強引に導いた結論は、科学とはいえません。このような科学主義的観点で結論を決めつけることなく、科学的観点での検証が必要です。

科学界の現実

科学と科学主義。文字は似ていてもまったく非なるものです。この違いから考えたとき、科学界には真の科学者ばかりではなく、科学者のようにしていながら実は科学主義者が混在している可能性があります。科学界における実態はどうなっているのでしょうか。

科学哲学者として世界的に著名なトマス・クーンは、一九六二年、著書「科学革命の構造」で、「科学は真に『客観的』な検討により進化するのではなく、あくまでその時代の科学者集団の『主観的な信念』によって変遷していく」(17)と指摘しています。

相対性理論で有名なアインシュタイン博士が登場する以前、十九世紀の終わりころの宇宙物理学界は、ニュートンの古典力学が宇宙の謎をすべて解き明かすと信じていました(14)。ところが、どうしても解らない問題がありました。「光の速度とその正体」です。今でこそ、光は粒子の性質と波の性質を併せ持った電磁波であることが判明していますが、この当時は、粒子なのか、振動(波)なのか、解っていませんでした。そこで、音は空気を、波は水を媒質にして伝わっていることから、光も宇宙空間に存在する、人間には感知できないなんらかの媒質(エーテル)を通して伝わっているのかもしれないと考えたのです。

しかし、精密に設計された実験によっても、エーテルの存在を見出すことはできませんでした。それなのに、ニュートン物理学の絶対性を信じる宇宙物理学界は、あくまでエーテル仮説と観測事実の矛盾のつじつま合わせに腐心し、ついには「エーテルを検出できないのは、光の速度の変化と同じ分だけ光の経路も一緒に縮んでしまうため」との、勝手ともいえる結論を示す学者も現れました。

これで「客観的」理論といえるでしょうか。エーテル仮説にこだわって、これを正当化するための「主観的な信念」によって生み出された理論と言わざるを得ません。科学の実態とは、このように主観的信念で成立しているとクーンは指摘しているのです。

科学は、通常科学が危機に陥り、そこで科学革命が生じることで新たなパラダイムが誕生し、進歩するとクーンは言います。このケースでは、ニュートン物理学という通常科学が光の正体を説明できないという危機に陥り、そこにアインシュタインが「光の速度は不変」という革命的事実、つまり相対性理論を提示して新たなパラダイムを生み出し、物理学を大きく進歩させたのです。科学は「客観性」ではなく、主観的信念で支えられ、時に革命的な発見により進化する、それが実態だというのです。

本来、科学は客観的でなければならないはずです。しかし実態は、信念と主観が優先されるというのです。ところが、すぐに納得できないこのクーンの指摘は、科学者集団における「掟」を知ることで理解が可能となってしまうのです。


科学者は、研究テーマ別に学会を組織することで科学者集団を形成しています。これらの学会組織は、自らの研究成果の発表の場として「学会」を開催しますが、ここで発表することは、若い研究者から高い業績を有するベテラン研究者まで隔てなく許されているといわれます。

ところが、同業学者からの評価が決定的にネガティブで容認できないと判断された発表者の場合は、あえて聴衆の最も少ない午前中の一番はじめに順番が当てられるというのです。それは、どこから判断しても変人とされる人物ばかりではなく、すでに同業者の世界で充分に認知される「業績」がある人であっても、学会におけるもろもろの共通了解を外れた主張、それを否定する主張を持つようになった人の場合も同様で、かなり厳しい状況になるといいます。

発表の場は、朝一番にプログラムされるのが通例となりますが、他の会員はたまたまその発表に間に合うように来場しても会場には入りません。発表を取り仕切る座長だけは、立場上いないわけにはいかないものの、発表が終わると誰もいない聴衆席に向かってしらじらしく、ご質問はございませんか、と問いかけ、ではないようでございますので、ご苦労様でした、と言って降壇を促すというのです。それを合図に、外で待っていた会員が一斉に会場に入ってくるという実態、これは作り話ではなく、現実に起こっていることだと言います(21)。

このような科学者集団の実態を知ったとき、クーンの指摘が理解できます。「ネガティブで容認できない説」というのは、その集団が承認できない説のことです。言い換えれば、それはその集団が「科学的でない」と捉えている主張です。しかし、その「科学的ではない」との判断は、あくまでその時代のパラダイムに基づく集団の「信念」にすぎない可能性があるのです。十九世紀末期の宇宙物理学界も、ニュートン物理学という時代のパラダイムに縛られて、真に科学的な見解を見出すことに失敗しました。「信念」に基づいて推論することのリスクを、歴史もまた示しているのということなのです。

科学のあり方とは、どのように捉えるべきものなのでしょうか。科学の力により解明された自然界の法則やしくみは、技術としてわれわれの日常に活用され、豊かで便利な生活を形成してきました。電磁気・原子の発見、動力機関の発明、植物の品種改良、化学肥料の開発等々、枚挙にいとまがありません。今日までの歴史において、科学は実直に研究に取り組み、世の中の進歩のために大きく貢献してきました。しかし一方で、科学は科学者集団の信念に基づいてパラダイムを構築し、その限定された範囲内でしか研究活動が許されない「掟」を有しているというのです。

宇宙物理学の例にみても、時代のパラダイムは絶対的に真実であることが保証されているわけではなく、科学の進歩とともに書き換えられていくのが宿命です。科学者集団の信念に支えられたパラダイムの外側に真実が隠されている可能性があることは、当然のことながら、否定することはできません。ある時代のパラダイムに支えられた科学の主張は、論理的にみて、必ずしも真実を語っているとはいえないのです。

科学とは、時代とともに変遷していく生きた取り組みです。間違っても、限定された価値観に収斂《しゅうれん》して、固定的に捉えることはあってはならないでしょう。科学を職業とするすべての人々には、科学主義に陥ることなく、広い視野を持ち、思い込みを排除して思弁に努めてもらいたいと切に願わずにはいられません。

科学者のあるべき姿

明らかに科学主義とは無縁と感じられる科学者は多くおられますが、その一人として私が注目したのは、聖路加国際病院小児総合医療センター長であり小児科医として著名な細谷亮太氏です。

小児がん治療を専門とする細谷氏は、四十年近くにわたって医師として小児がんと闘ってきました。細谷氏が医師になったばかりのころは、小児がんは不治の病であったといいます。そのため、小児がん医の仕事は、治療に挑みつつも、結局は治癒にまで至らない子どもたちから痛みを取り除き、生活の質「クオリティ・オブ・ライフ」を確保することに尽力することとなり、最終的には見送ることしかできなかったというのです。細谷氏は、そのたびに、亡くなっていく子どもたちとその家族に思いを致して涙を流し続けてきた、心ある医療者です。

三十七年前は不治であった小児がんも、その後の医学の飛躍的な進歩で、治癒率は八割から九割に上がっているそうですが、それでも未来があるはずの子どもたちが、がんにより亡くなっている状況に変わりはなく、細谷氏をはじめとする小児がん医の奮闘は続いています。

私は細谷氏を、偶然見かけた[35]テレビ番組で知りました。女性アナウンサーとの対談形式のインタビューで、時に涙を流しながら小児がんで亡くなった子どもたちとの交流のエピソードを訥々《とつとつ》と語る細谷氏の姿に、思わずひきつけられました。

その中で、小児がんとしては極めてまれであるという肺がんで亡くなった中学一年生のサトシ君の話が紹介されていました。

サトシ君はようやく授かった一人息子で、学業も優秀な、両親にとっては自慢の、かけがえのない存在でした。サトシ君は、自分の病気が治らないことを承知した上で、在宅の看護を希望し、細谷氏とって初めて在宅で看取った患者となったそうです。往診などで両親とも深く交流した細谷氏は、番組の中で次のように語っていました。

「サトシ君がいなくなって寂しいでしょうね、ということの中で、お母さんが『実はサトシがこの間来てくれて』みたいな、初七日の時かな、その、来てくれたことがあったというのを僕に話をしてくれたんですね。で、ベランダにサトシ君が、夢を見たんではなくて、その、確かにいたというような話で、お父さんを呼んであげようと思ったらしいんですよ。でも間に合わなかった、っていうようなことを話してくれました。で、僕はね、その、なんて言うか、お父さんとお母さんがそういうふうに、実際に、あの～、亡くなった子がそこにいるとかいうような感覚があるっていうのを、その、う～んと、医者はサイエンティストですけど、でも、あの～、（自分は）確かにそういうことって、あると思っている人なんです」

細谷氏は、当然ながら医師として「死後の世界がある」などと言っているわけではありません。人間の感性として、そのような世界を否定しないということだと、私は受け止めました。

医師は、人間の生死に最も関わる科学者です。その医師が科学主義にとらわれてしまうと、患者の立場を尊重せず、死期の近づいた末期ガンの患者に生活の質や苦しみなどまったく考慮しないで副作用の強い抗ガン剤を投与し続け、検査データのわずかな改善に喜ぶといった、人間性に欠ける対応を取りがちになってしまうという危険が伴います。

しかし、細谷氏のような感性を持つ医師は、そのようなことには成り得ません。先に紹介したエリザベス・キュブラー・ロス博士は、死生学を創り上げた医師として「死後の世界はある」と積極的に述べて、死を迎えざるを得ない患者の心の安息を取り戻す力になっていました。同じように細谷医師も「あなたが乗り越えられない試練を、神様はあなたに与えない」という旨を語り、患者である亡くなっていく子どもたちの安心を保ってきたのです。

一般的にいって、科学者が木を見て森を観ないような矮小《わいしょう》化された客観性に拘ってしまったとき、「科学主義」に陥りやすい傾向があると、私は思います。大きな視点を持った細谷氏の、科学者として「心の世界」を否定しない感性を、多くの科学者に見習ってほしいと思わずにいられません。

科学は人類に貢献してきた大きな実績と、人類進歩のための絶大な力を持っていることは確かです。けれども、人間による活動としての限界もあります。科学者が自らの利益を優先し、大きな視点を持つことを放棄したとき、科学は自らを限定してしまうことになるのです。

世の中の事象解明に取り組む人は、大きな視点を持つことで現代科学の外側にあるかもしれない真実に近づくことができる、と私は信じています。今読んでいただいているあなたにも、大きな視点で次の第六章を受け止めてほしい、そうお願いしてこの章を締めくくることにします。

第六章　エンディング・ワールド

はたして、人は死んだらどうなるのでしょうか。世の中の本当のしくみはどうなっているのでしょうか。本書のテーマとして「意識のあり方」を通じて考えてきましたが、これまでご紹介してきた主な推論・仮説を、一通り振り返ってみます。

第一章では「臨死体験」の事象としての概要を紹介し、書籍「臨死体験」に示された事例の一つ、自動車事故による臨死体験者が「人の心が解った」というエピソードと、姉の友人Fさんからの手紙に綴られた内容との共通点に、未知の世の中のしくみが隠されている可能性があることを指摘しました。

第二章では「意識」の実体について考えました。意識は脳内の物質的作用で立ち上がってくるのではなく、別途別の「場」に各個人の意識が集合して存在し、各個人の脳は「場」にあるそれぞれの意識と波動で繋がっている、その意識の「場」は空間のゆらぎの合間にある極小の入り口を持つ非物質的な異次元世界の「内蔵秩序」に内包されている、との可能性を示しました。この推論は、人間の脳が機能を失って意識世界との連絡が途絶することがすなわち「人間の死」であり、脳と繋がっていた意識自体は消滅したわけではなく、非物質世界である意識の「場」に存続し続けている可能性を導き出すことになります。

また、第四章では、人間の特性と存在理由も考えました。変化し続けるエネルギーの流れのような人間の「本質」は、肉体ではなく意識・心にあるのではないか、人間は意識・

心を成長させるために存在している、食物を確保して食べていくことは常に困難を伴うものであり、それができなければ生きてゆけない物質世界は人間が苦難を乗り越え意識を成長させるために存在しているのではないか、そう推論しました。

そして第五章では、これらの考えを現代科学は認めてはいないけれど、科学は発展途上であると同時に科学自身が科学主義にとらわれる危険を常にはらんでおり、科学のすべてが常に真実とは限らないことを示しました。

以上の推論・仮説に含まれる、あるいは導かれた要素は次のように整理されます。
①「極小世界に存在する可能性がある『場』」
②「ユングの見出した集合的無意識世界」
③「意識は脳内で完結しない可能性」
④「脳は極めて均質で、各部の作用機序は不明」
⑤「物質の究極の姿は波動」
⑥「波動は伝達能力を持つという事実」
⑦「波動は記録媒体として機能するという事実」
パズル絵の実験をはじめとした物質世界で生じている客観的事実は、物質世界の他に物質世界を司る別途別の世界である「場」が存在する可能性を示しており（①）、それはユ

ングの集合的無意識世界（②）と同義であり、意識は脳内で完結しているのではなく「場」に存在する可能性（③）があって、極めて均質な脳（④）は通信機能を持っているかもしれない、つまり「脳」と「場」にある「意識」は何らかの方法で繋がっており、それは物質の究極の姿である「波動」（⑤）によって為されているかもしれず、「場」の「意識」と「脳」は「波動」によって通信（⑥）しており、この構造によって人間の意識活動は成立している、多くの記憶を保持する意識は記録媒体と言い換えることも可能（⑦）で、その本質は波動であるかもしれない、こんなことは現代科学は認めていないけれど、科学は常に発展途上にあっていつも真実を語っているわけではない……。

このように、バラバラだった情報が連携して私の中で徐々に形を現し始め、最終的にはこの後示す、ある「特殊情報」を基本ベースとして、一本の線に繋がったのです。

それは、鮮やかな納得感を伴うものでした。その結果を明らかにすることで、本書はこの第六章で結論としての「世の中のしくみモデル」に到達します。それは、人間が肉体の寿命を終えてたどり着く「意識の世界」です。私はこの世界を「エンディング・ワールド」と名付けました。

エンディング・ワールドは、人間の意識が寄り集まった世界であり、「意識のネットワーク・システム」といえるものです。このエンディング・ワールドで人間の意識体が体験するのは、臨死体験者からの報告から類推して、時間の流れが存在しない、自らが最も望んでいる豊かな色彩と心地良い音色に包まれたイメージと音の世界です。

しかしながら、非物質世界の事象であることから、物質世界にいる私たちには理解できない構造を持っており、私たちの概念では「実際のあり方」を説明できません。それ故、ここでは、私がたどり着いた世の中のしくみの仮説、意識のネットワーク・システムモデルの概要を、解りやすいように物質世界の比喩を用いて具体的に説明を試みます。比喩を用いることで、やや無機質な印象を生んでしまうかもしれませんが、基本的な「構造・しくみ」の捉え方であるとご理解ください。

意識のネットワーク・システム

「意識の場」は心的現象圏です。その心的現象圏にはすべての人の意識が存在しています。生きている人の意識も、亡くなった人の意識も、すべての人の意識が存在するのです。私たちは、自分の意識は頭蓋内にある小さな脳の内部でのみ活動していると思い込んでいますが、実は生きている人の意識は「意識の場・エンディング・ワールド」にあって、「波動」を使って肉体の通信機である脳とすべての空間に存在する極小の窓を通じて繋がり、意識活動を為しているのです。

一方、亡くなった人の意識は、肉体が朽ちることで脳との通信が途切れ、意識だけが意識の場に存在し続け、夢の世界などを通じて、時に生きている人の意識と交流する機会が生じるのです。

こうした非物質世界である心的現象圏に存在している「人間の意識」のあり方を、物質世界の比喩を用いて表現すると、「砂糖水に浸って漂うサクランボ」のようなものと言うことができます。個々の人間の意識は、心的現象圏にサクランボのように個別に存在し、物質世界に存在するそれぞれの脳と結びついているのです。実際には、サクランボというよりシロップを内包する柔らかい皮に包まれた小球と言った方が適切かもしれません。

このサクランボ球の内容物（シロップ）は、人間個人の「心的現象」であり、皮は「自我」です。皮によって個別の意識は独立しています。砂糖水で満たされた心的現象圏には、地球上の人の数だけ、自我の皮で包まれたサクランボ球がひしめき合っているということになります。

具体的に言い換えると、心的現象圏を巨大なガラスの器《うつわ》に見立てたとき、器に満たされた砂糖水の中に大量のサクランボ球が漂っているといったイメージです。サクランボ球に内包されるシロップと砂糖水は同じ素材であり、これらが全体として精神の基盤となっています。そして、大きなガラスの器全体を「人間の集合的意識」と呼びます。サクランボ球の皮は、一定の透過性を備えています。それ故、サクランボ球は砂糖水を通じて相互に繋がっていることになります。ガラスの器全体が人間の意識のネットワークとなっているのです。

個人の意識であるサクランボ球は、段階的なグループを構成しています。それは、家族や友人などの親しい関係者のグループ、これらが集合して形成される国家や人種のグループが存在し、それぞれのグループが巨大なガラスの器の一定の領域で寄り添い合って漂っているのです。この構造は、フランツの「心の模式図」そのものです。

実は、A社の学習会においても、同様の情報を耳にしていました。A社の会員は、死後の世界においても主導者氏を中心に魂がコロニー的な集団を形成するというものでした。このことは、同じ宗教を信仰する人たちは、意識の世界において「意識のコロニー」を形成する可能性をも示しています。

砂糖水の中を漂うサクランボ球は、人間個人の意識です。これらのサクランボ球同士が直接接触した場合には、相互の意識の結びつきはより強くなり、意思の疎通が可能となります。これが、いわゆる言葉を使わず意思の疎通が図れるという「テレパシー」のしくみです。物質世界での肉体同士の距離は関係ありません。心的現象圏で意識同士が接したとき、テレパシーによる意思疎通が可能になるのです。

人間の肉体（脳）と心的世界の意識・サクランボ球とは、「波動」で通信しています。物質世界の肉体が死を迎えると、心的世界との通信が途切れ、意識であるサクランボ球も変化します。サクランボ球の皮の透過性が高まるのです。皮の透過性が高まり、内包するシロップと砂糖水の環流性が良くなることで、死者のサクランボ球は生者のサクランボ球へのアクセスが容易になり、死者が生者に夢などを通じてメッセージを残すことが可能になるのです。死者のサクランボ球の皮は段階的に透過性を高め、やがて溶解し、砂糖水に同化していく、つまり「集合的意識」へと一体化していくのです。
カール・G・ユングの「集合的無意識仮説」に極めて類似したあり方であり、これが意識のネットワーク・システム「エンディング・ワールド」です。世の中の本当のしくみとは、物質世界とは別の次元にこのような意識世界が存在し、物質世界と表裏の関係で成立している、これが本書の結論です（図4・図5）。

憶《おも》い出してください。Fさんが私の姉の意識と交信できた理由も、このモデルで説明が可能になります。姉の意識であるサクランボ球は、姉と関わり合いの深いサクランボ球たちが漂うエリアで透過性を高め、Fさんのサクランボ球と接触したと説明することができます。また、姉の想いが母と義兄に「悲しみが深くて、それが壁になって伝わらない」理由は、強い悲しみが二人のサクランボ球の「皮」を硬化させ、シロップの環流が妨げられたことによると説明ができるのです。

人間は、死ぬと身体から魂が抜け出て、その魂が物質世界のあちらこちらを漂っているわけではありません。科学的にはまだ解明されていない「波動」で脳と繋がっていた姉の意識の通信が途切れて、極小世界に存在する意識の「場」で親しい意識と交流したということなのです。物質世界では、距離があると電話など道具を使わなければ意思の疎通はできませんが、意識の世界では距離は問題になりません。意識世界の入り口は、空間のすべてのポイントに存在している前提があるからです。物質世界の距離は意識の交流に影響しません。

肉体との繋がりが切断された意識体がエンディング・ワールドにおいて認識する世界は、臨死体験者の報告から、Ｆさんが視《み》た姉の夢のように、音と映像（イメージ）を伴った時間の流れのない世界だと類推できます。体験者は、現実感のあるリアルで美しい情景を目撃すると同時に、時間の感覚を喪失すると言います。エンディング・ワールドで認識するのは、物質世界の現象ではありません。そこには客観的な対象物が存在するのではなく、あくまで意識体自身が波動情報から紡ぎ出す音声と映像を、意識体自身が認識しています。臨死体験の具体的内容が体験者の持つ文化背景によって大きく異なる理由が、ここにある

（図４）物質世界と「エンディング・ワールド（EW）」の関係（模式図）

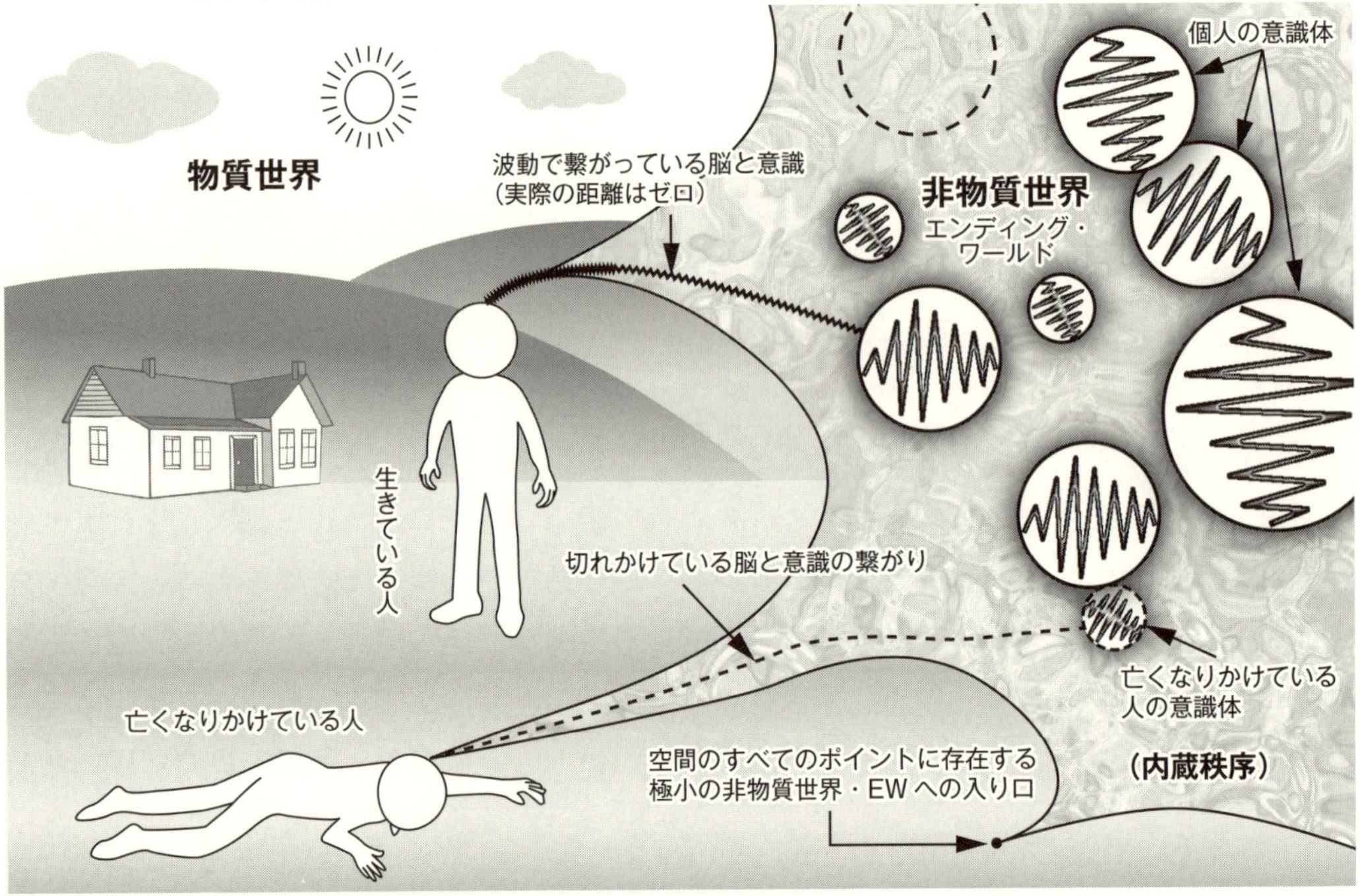

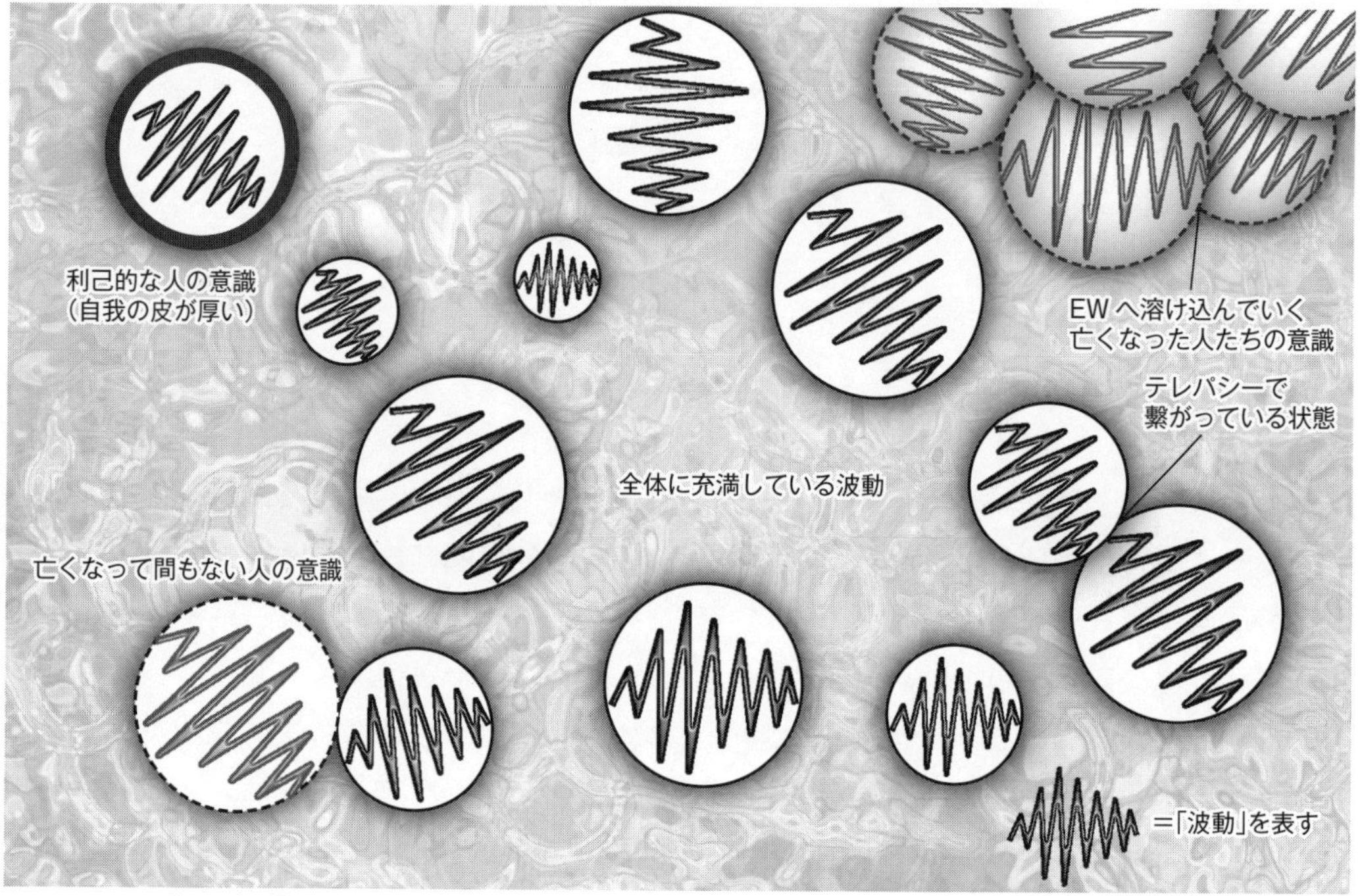

（図５）「エンディング・ワールド（EW）」における意識のあり方（拡大図）

のです。

「時間というものがない世界に入った」「時間と空間を超えた世界だった」との体験者の証言は、異次元世界に時間が存在しない可能性も示唆します。このことを理解するための切り口は、現代物理学にもあります。それは、時間は絶対的なものではなく相対的であるとするアインシュタインの相対性理論です。時間が相対的なものであれば、ゼロ値をとる場合もあります。事実、時間を表す公式においては、距離か速度がゼロになれば時間は必ずゼロ値となります。物質世界の延長線上にある非物質世界がエンディング・ワールドです。この非物質世界に距離が存在しないとするならば、そこでは時間が相対的にゼロ値となっていると説明できるのかもしれません。

さらにこのモデルは、「地獄」についても説明できます。日本における地獄のイメージは、針の山や血の池、釜ゆで地獄など苦痛で表現されますが、意識世界の地獄はそのような痛みを伴う苦痛とは異なります。

砂糖水とサクランボ球の比喩で説明される地獄とは、「孤独」です。地獄を体験しなければならない人は「自我の皮が厚い」(図5)というのです。意識の実体であるサクランボ球の外皮が厚いと、透過性がなくなります。結果的に意識のネットワークに繋がることができません。自我の皮が厚い人は、おそらく生前から孤独なのでしょう。物質世界で肉体が生きているときは、他人との交流は表面上可能です。しかし、肉体が死ぬと意識だけが残ります。利己的傾向が強く、他人の気持ちを考えることのできない人の意識は、自らを守るために極厚の自我の皮を形成して、意識の世界では他の意識と交流・融合できなくなります。意識の世界はごまかしが利きません。他の意識と交流できないことで、厳しい立場に追い込まれます。全くの暗黒の世界に自分の意識しかないのです。

本来、意識の世界では、肉体を失った意識は集合的意識に同化していくことになりますが、皮の厚いサクランボ球はそれが許されないのです。他の意識とは交流できない圧倒的な孤独の世界、それが地獄なのです。

物理学者ジャン・ピエール・プチ

この「エンディング・ワールド」モデルは、私のオリジナルではありません。本章の冒頭でお断りしたとおり、これまでご紹介してきた情報とは別の、ある「特殊情報」を基本ベースに加えて組み立てたものです。それは、フランス人理論物理学者ジャン・ピエール・プチが示した情報です。

プチ博士は、パリ国立高等航空宇宙学校で航空工学を専攻したエリート科学者です。今は引退していますが、現役時代はフランス国立科学研究庁の研究員として磁気流体力学に基づくＭＨＤ発電の実験に取り組むなど、常に第一線の研究者として活躍してきました。特筆されるのは、その研究姿勢と方向性が、現代科学の標準理論に縛られた限定的なものではないということです。多くの矛盾を抱える現在の宇宙理論を検証し、まったく異なる切り口から革新的な宇宙像を提示するなどして、フランスの宇宙物理学会に反響を惹き起こしてきました。

例えば、よく知られていることですが、宇宙を論理的に理解しようとするとき、「ダークマター（暗黒物質）」という謎の物質が指摘されています。宇宙空間には無数の「銀河」と呼ばれる大きな星の集団がありますが、現代宇宙論は、これら銀河が持つべきはずの質量が観測できないという矛盾を抱えているのです。これを解決する考え方として、宇宙空間には光を通じて観測することができない暗黒の物質が存在するのではないか、とされており、それが「ダークマター」です。観測できず確認もされていないので、「謎」とされているわけですが、こうした「ダークマター」という仮想の存在を想定することは、これも先にご紹介した「宇宙空間にはエーテルが存在するはず」とのつじつま合わせに非常によく似た考え方です。

プチ博士は、全く異なる観点から、あるべき質量が観測できない矛盾を説明しています。それが[22]「ツイン・ユニバース（双子の宇宙）論」といわれる理論です。

広大な宇宙の彼方には想像を絶する数の星が存在し、それらが寄り集まって銀河を形成しています。これら銀河がさらに集まって銀河団、超銀河団を形成していますが、これらはボイドと呼ばれる、銀河が泡状に配置する構造を持っています。銀河一つ一つが石鹸液《せっけん》となって泡を形成すると考えてみてください。すると、泡の中には銀河が存在しない巨大な空間があることが判っていただけると思います。なぜこのような空間が生まれるのか、これも現代宇宙論は説明することができません。

プチ博士は、これらの銀河の配置の謎に基づいて、宇宙は二重構造になっているとの説を唱えたのです。つまり、観測することのできない双子の宇宙空間が背中合わせに幾何学的に存在し、その重力によってボイド構造が形成されている、双子の宇宙は観測することができないので、そこに存在する銀河の質量が「ダークマター」であると説明したのです。

この理論は、現代宇宙論に依って立つ科学者集団からは認められていません。けれどもそれは、先にもご説明したように、現代科学の信念がそれを許さないだけであり、ツイン・ユニバース論にこそ真実がある可能性も、大いにあるものと私は考えています。

長々とプチ博士の理論をご紹介しましたが、それには理由があります。プチ博士の科学者としての実力と既成概念にとらわれないその姿勢を知っていただきたいからです。トップレベルの業績を挙げてきた科学者であることを理解いただければ、「エンディング・ワールド」モデルの情報源が「特異」なものであっても、読者の方々に一蹴されることはないだろうと考えたからです。何しろその情報源は「異星人からの手紙」によるものであると、プチ博士が公言しているのです(23)。

博士の著書によれば、一九六二年からヨーロッパ各地の何人かの人のところへ異星人を名乗る者から手紙が届けられたといいます。手紙には多くの科学情報が記載されており、後に手紙の存在を知った博士は、その高度な情報から磁気流体力学や宇宙論の新たな知見にたどり着き、科学者として高い業績を挙げることができたというのです。「エンディング・ワールド」モデルの基本情報は、この一連の手紙の中に形而上学的情報として含まれていました。

それによると、異星人の科学者たちは同じ人間としての異星人自身の人体解剖と、それを通じた実験による研究で、人間の脳の中にある希少ガスが、別途別の場にある意識と肉体を結ぶ絆となっているという事実を発見したと言います。具体的には、人間の脳の視床下部に存在する希少ガス[**]・クリプトン原子が媒体となり、現代科学が未解明の神経組織の作用によって、脳の一部分が「送受信器」としての機能を持っているというのです。この機能によって、すべての人間の脳が超物理的構造の世界に存在する意識のネットワークに繋がっているとするものです。

これが先に述べた「特殊情報」の内容ですが、そんな怪しい話は信じられない、そう考える方も多いことでしょう。けれど、ここでももう少し考えていただきたいのです。私はこの情報源が、異星人であろうが地球人であろうが、もはや重要な問題ではないと考えています。このモデルを支える客観的な事実があるからです。それは最初にご紹介した「パズル絵の正答率の変化」であり、「ユングが集合的無意識を見出すきっかけになった患者のビジョン」、さらには「姉・ルミ子とFさんの交流」であり、後で述べるさまざまな事象の解釈です。二元論である「エンディング・ワールド」モデルは、これらの事象・構造を説明するにあたって矛盾は生じません。けれども一元論では、これらの説明は「全く不可能」との現実があるからです。

「エンディング・ワールド」モデルは今の科学が認めることのできない仮説ではありますが、「世の中のしくみ」を示す、いわば一つのグランド・デザインとしては充分説得力を持つものです。

説明可能となるさまざまな事象

この「エンディング・ワールド」モデルは、そのままではボームの「内蔵秩序」仮説を説明するには充分なものといえません。形成的因果作用が説明できないからです。これについては、二つの条件を追加することで説明が可能となります。一つは「機能の二重性」であり、一つは「エンディング・ワールドの実体」です。

機能の二重性とは、物質世界を表の世界として、裏の世界である別次元に存在する非物質的な内蔵秩序世界（エンディング・ワールド）は「意識作用」と「形態形成作用」という二つの機能を二重に持っているということです。勝手に決めつけているように感じるかもしれませんが、物質世界でのさまざまな現象の説明が、このような機能の二重性があることで、矛盾なく可能となることからの類推です。

もう一つの条件であるエンディング・ワールドの実体は、「波動」であると考えられます。物質の究極の姿は波でもあることはすでにご紹介しました。波の重要な特性は、情報を暗号化して伝達できるところにあります。波は互いに干渉することで新たなパターンを生み出しますから、論理的には無限の情報保存能力を持つことになります。これらの前提から考えたとき、エンディング・ワールドの実体は、あらゆる単位の波動で構成されている「波動情報の集合体」と推測されます。

モデルにおける砂糖水・シロップとは、それぞれ「ある単位の波動」です。つまり、非物質世界は「波動（シロップ）を内包する大量の自我（サクランボ球）が波動（砂糖水）

の海を漂っている」という構図が見えてきます。「波動」がさまざまな単位で存在し、物質世界から送られてくる波動の影響を受けながら、生物進化のための必要条件や人間個人の記憶など、あらゆる情報が刻印・蓄積され、それらがまた物質世界に影響を与えてさまざまな事象が生まれている、このような構造が推察されるのです。

内蔵秩序世界「エンディング・ワールド」の構図をこのように考えたとき、物質世界で生じているさまざまな疑問が氷解します。


日本を代表する映画監督の一人である山田洋次氏は、初めての時代劇「たそがれ清兵衛」を製作したとき、江戸時代の生活の記録は驚くほど少なく、当時の生活を再現するのに苦労をしたとコメントしていました。ところが、時代小説の大家・山本周五郎は、その作品で江戸時代の生活の詳細を極めてリアルに、まるでその時代に暮らしたことがあるかのように描いています。シンガーソングライターの鬼束ちひろ氏は、デビュー当時、「歌詞が天から降りてくる」と述べていました。鬼束氏に限らず、多くの創作者は「メロディーが湧いて出てくる」「登場人物が勝手に動き出し自分で語る」と言います。

往年の大投手であるプロ野球の有名OBは、元・楽天野球団のエースで、現在ニューヨークヤンキースで活躍している田中投手などの若手選手が、自分が何年もかかって覚えたフォークボールなどの球種を高校時代から使いこなすことに驚きを隠しませんでした。

体操の世界選手権四連覇の偉業を成し遂げた内村航平選手は、極めて難易度の高い技を多く習得していますが、それらはミュンヘンオリンピックで金メダルを獲得した日本人選手たちの技術をはるかに超えているといえます。いったい、ミュンヘン時代の人間の身体と何が違うというのでしょうか。


これらの感覚と現象は、意識と形態形成の二重性を持つ「エンディング・ワールド」の存在を前提としたとき、すべて説明が可能になるのです。

つまり「エンディング・ワールド」には、この物質世界にかつて存在したものすべての記録が残っていると考えられます。その記録により、一度生じた事象は再現しやすくなるのです。創作者の場合は、インスピレーションという形で、それらの記録と接して、新たな創作に繋げている可能性があります。自らの創作力の他に、作家の意識はあらゆる記録を含んだ「砂糖水」を「自我の皮の内側」に環流させ、共振・同調したその記録素材の力も借りて物語を創出しているのではないでしょうか。その意味では、作家の創作力とは、意識の世界で記録素材をうまく集めてまとめる力を含めていうのかもしれません。

技術においては、投球での指使いや体操での体躯の動かし方は、練習を繰り返すことで身体が馴らされる一方で、波動としての記録が残されます。練習を重ね技術を完成させた本人とは別の人間が同じことに取り組んだ時、「エンディング・ワールド」に刻印されたその記録に共振することで、初心者であっても少し進歩したところから習得が開始されるということです。

このように、「エンディング・ワールド」モデルは、各個人のそれぞれの意識が認識されなくとも「共振」している、つまり相互に影響を与えているという可能性も導き出します。ある人の意識が、知らず知らずのうちに他の人の無意識に影響を与えている可能性があるということです。砂糖水を媒介して、とあるサクランボ球の意識の振動が他のサクランボ球に伝わっているという構図です。


これらの仮説からも、さらなる社会現象や自然現象が説明可能となります。それは、例えば「流行」の原理です。従来の科学の考え方に従えば、「流行」に原理など存在しません。しかし、「エンディング・ワールド」モデルを前提に考えたとき、流行は各個人の意識が共振することでもたらされるとの仮説が成立します。

「流行」は、生活における行動や様式、ファッション、玩具を含めた生活用具などで生じます。電化製品、パソコン、携帯電話などは、利便性や必要性が伴っており、完全な意味で「流行」とはいえないと考えられます。近年は、一つのことに多くの人が集中するような明らかな流行はあまりみられなくなりましたが、一昔前はありました。

例が古くて恐縮ですが、一九六〇年代から七〇年代にかけての流行は、スポーツではボウリングやスキー、ファッションではパンタロンやラッパズボン、玩具ではフラフープやアメリカンクラッカー（カチカチボール）などが大流行しました。今思えば、なぜあんなに爆発的なブームになったのか、合理的な理由がわかりません。

これらは、当時もマスコミを介し「情報」として広く発信されています。爆発的ブームとなったのは、当然これらの情報発信にも強く影響を受けています。けれども私は、それだけではない何かがあると感じてきました。ボウリングブームやラッパズボンの流行は、私が小学生の時でした。ほかに楽しいこともあったのに、なぜかボウリングに夢中になりました。日曜日になると、朝五時に起きて、料金の安い早朝ボウリングへ父に連れていってもらいました。周りの友人も同様でした。ボウリングをやる、ということに魅きつけられた感じだったのです。

ラッパズボンも同じものを感じます。似合う人も、そうでない人も、機能的には全くはきにくい裾の広がったズボンを、使命のようにはいていました。ズボンをはく若者で、裾の広がったタイプのものを身につけていなかった者はほとんどいませんでした。他のタイプのズボンも売ってはいましたが、違和感を覚えたものです。機能的には劣る型のズボンに、なぜ多くの人が魅せられたのでしょうか。それは、それらが当時、確かに楽しいと感じたり、格好よいと感じたりする人が多くいて、それらの人々の意識が周囲の人たちの意識に「共振した」のではないか、ということです。

マスコミの存在しない江戸時代においても、爆発的な流行が生じたことが伝えられています。「ええじゃないか」と呼ばれる現象です。

「ええじゃないか」は、一八六七年七月から翌年四月にかけて江戸から四国地方にかけて拡大した一種の社会現象であり、その態様は、民衆が仮装などをしてお囃子《はやし》言葉の「ええじゃないか」を連呼しながら町から町へ踊り巡るというものです。当時も「かわら版」と呼ばれる情報紙が存在しましたが、その伝達力は現代のマスコミとは比べるべくもありません。それでも「ええじゃないか」は広範囲に広がっています。口コミなど、人づての情報伝達も当然その伝播に影響をしていると思われますが、それだけでしょうか。

憂鬱な社会問題として「虐待」があります。親が衝動を抑えきれずに、わが子に暴力を行使してしまうといった日常的なケースから、それがエスカレートした結果として、子どもが命を奪われてしまう「子殺し」に発展するケースもしばしば生じています。子どもの虐待に及んでしまうという若い母親は、自分の内側から生じてくる子どもに対する怒りの衝動を抑えることができず、そのことが大きな悩みになっているとテレビの取材に答えていました。

物理的現象のみからこれらの異常行動の原因を考えたとき、ストレスが原因となって人間の体内でどのような作用が異常行動に繋がるのでしょうか。ホルモンの分泌異常は行動に影響を与えるかもしれません。特定の栄養素の不足がイライラをひき起すとの研究成果も確かに存在します。しかし近年、社会全体で同時多発的に生じている実態からみても、非物理的な「意識のネットワーク」が関与している可能性があるのです。社会的ストレスによって生じる強い感情の力が意識のネットワークを通じて共振している、という構図です。

これらの共振を生み出すしくみについては、研究事例があります。記憶や学習に関する心理学の専門家ウィリアム・ブロードによるもの(10)です。

ブロードは、意識を集中させることにより生体に変化を生じさせる現象についての研究に取り組み、自らも催眠状態を活用した思考の伝達実験などを行っています。これらのさまざまな実験結果から、ブロードは、生体の変化について、脳の単純な化学反応による現象という従来の考え方から、化学物質よりもはるかに複雑な何かが、脳内、あるいは脳内にとどまらず機能していると確信するに至りました。それは、離れた場所から他の生物の筋活動、運動機能、細胞の変化、神経系の活動に影響を与えることができる、人間としての未知の能力だと考えたのです。そしてこれらは、デヴィッド・ボームの「内蔵秩序」仮説と融合して理解されました。つまり、あらゆる情報を有する「場」と「人間の情報伝達能力」が協働することで、距離的に離れた人間の間で影響を生じさせることが可能になるという仮説です。

これは、意識が「エンディング・ワールド」に存在し、「脳の波動による通信能力」により脳と繋がっているとする本書の仮説と同義といえます。共振による影響の発現は、普通に活動中の意識状態では制限されるといいます。けれども、変容した意識状態、つまり瞑想《めいそう》、リラクゼーション、睡眠中の夢見の状態等ではこうした制限は緩められて、影響を受けやすくなるというのです。それは、リラックスした私たちの脳が、あたかも一個のラジオであり、その受信域が拡大し共振するのと同じことです。共振は、深い繋がりを持った個人の間では増大するといいます。先のさくらんぼモデルの、ガラスの器に漂う全人類の意識が砂糖水を媒介して繋がっていると説明したしくみと、ほぼ同じ実態です。

このように、共振するしくみは、仮説として実際に示されているのです。

二〇一一年三月十一日の東日本大震災では、多くの人が大切な家族を喪いました。あのときから早くも三年が過ぎましたが、被災地では今、家族を喪った人々がその亡くなった家族と再会するという不思議な体験が語られているといわれます(36)。直接目の前に亡くなった家族が現れる場合もあれば、気配を感じる、玩具の電源が入るなどのケースもあります。

これらは、霊能力者といわれるような、インスピレーション、いわゆる第六感が強い人が、亡くなった人の意識と「交流」したり、亡くなった人が「視える」といった現象と同じものといえます。超常現象とされる心霊現象を実写の画像で紹介するテレビ番組は以前から多く放映されていますが、その内容の真偽についての判断は難しいものがあります。これらの超常現象の事例のすべてが真実だとは考えられません。多くの偽物が混じっているはずです。けれども、すべてが偽物とも考えられません。なぜなら、これらの「心霊現象」も、「エンディング・ワールド」モデルに基づいて説明することができるからです。それは、実際に亡くなった人の残存する意識との「同調」と「波動による物質への影響」による現象である、との説明です。

視覚は光、つまり電磁波という波動によって認識されます。聴覚は空気の震動という波動であり、物質の究極は物質波という波動なのです。亡くなった家族を視る、声を聞くといった不思議な現象は、エンディング・ワールドにおいて、亡くなった人の意識体の波動と生きている人の意識体の波動が同調することで、脳が「物理現象として認識する」可能性があります。玩具が動き出す、肩を叩かれるなどの物理的、物質的な現象については、亡くなった人の意識体が発する波動が物質波となって物質世界に影響を与えるという可能性です。

この理屈は、第四章で紹介したサイババ孤児院での「物質化」現象も説明できることになります。エンディング・ワールドに存在するサイババの意識体が、常人には発することのできない強力なある種の物質波を発信し、「聖なる蜜アムリタ」という物質に変換されてペンダントヘッドの原子間空間にある極小出口から出続けているとの仮説です。この「事実としての物質化現象の存在」は、逆に考えれば、エンディング・ワールドの存在を証明する「証拠」の一つといえることになります。

このように「エンディング・ワールド」モデルに基づけば、さまざまな現象を説明することが可能となります。現在のところ、科学的直接的な根拠は示すことができませんが、これら一連の解釈は、「状況証拠」として一定の説得力持っているといえるのではないでしょうか。

脳科学が示す二元論の可能性

脳科学の側面から観ても、「エンディング・ワールド」の存在を予感できます。

脳科学者としてもタレントとしても著名なソニー・コンピュータ・サイエンス研究所上級研究員・茂木健一郎氏は、プランクスケールレベルの世界に内蔵秩序の入り口がある可能性を指摘した先出の天外伺朗氏との共著[5]「意識は科学で解き明かせるか」で、大変興味深い対談をしています。

ペンネームである天外氏の本名は土井利忠氏です。土井氏は、ソニーの執行役員上席常務を経て、ソニー・コンピュータ・サイエンス研究所所長を務めた、コンピュータ・システム論の第一級の研究者でもあります。これは私の憶測ですが、二人はソニーという同じ企業グループ内の人間として交流があり、極めて近い志向を持つ同士として、「意識」という難題をより深く掘り下げるためにこのような企画が生まれたのではないかと思われます。対談の内容は、両人の高い知識レベルが反映されて、量子論から科学哲学の分野まで、幅広く展開されているものです。

その中で、二人は脳のシステムアーキテクチャ、つまり基本設計について激論を交わしています。ニューロンの反応を「発火」と呼び、複数のニューロン発火がどのように把握されているかというテーマです。これは「結びつけ問題」と称されるもので、先にふれた脳の中の小人『ホムンクルス』がいるか、いないかという問題です。

現代脳科学においては、認識や思考は脳内のニューロンの発火が集積・統合されて立ち上がってくるものと考えられています。例えば、自分の手を眺めたときの手の「形」の認識に発火するニューロンと、手の指の「皺《しわ》」の認識に発火するニューロン、さらに「これは自分の手だな」との思考に対応して発火するニューロンは、それぞれ異なるとされます。他にも、「色」や「質感」も含めて多くのニューロンの発火が存在し、それらが統合されて初めて「この指に皺のある手は私の手だ」という思考・認識が立ち上がるとされています。

これらのニューロンの発火がどのように結びつけられているのかを「結びつけ問題」と言いますが、茂木氏は次のように説明します。

「ニューロンとニューロンが相互作用していて、物理的に言うと、あるダイナミックスを記述する相互作用の積や項があると、それから自動的にわれわれの心の中にどういう時間・空間構造が生じるかということは決まってしまう。そう考えられるのではないか」(5)

「私は、ニューロンのネットワーク間の相互作用とか時間発展を因果的に記述しようとしたとき、その因果的な記述に伴って必然的に生じてくる概念がクオリア*なのではないか、という立場です。つまり、ある意味で言うと、クオリアが、普通自然科学で言う質量とか電荷とか、そういった量に対応するのではないかと思います。その立場から言いますと、あるものとあるものが同時であることを検出するユニットが必要だということにはならないと思うわけです。同時であるということは、そのシステムを自然法則として記述しようとするときに、その自然法則の形式から自動的に決まってしまうものであるということになるんです。小人がいるということを前提としないで、むしろ、それを消したいという動機づけから、こういう考え方を出したわけです」(5)

さすが希代の脳科学者だと感じます。並の考察力ではありません。「一元論」で説明するためにあらゆる可能性を追求して、理論を組み立てたということなのでしょう。ただ、私にはこの説明の理屈を素直に理解することができません。

茂木氏はこれに加えて、クオリアが表現される単位は個々のニューロンではなく、これらニューロン発火の集合体である「クラスター」であり、このクラスター単位を用いて脳の情報処理メカニズムをうまく説明できる可能性があると主張しています。

システムエンジニアである天外氏は、「結局、その話は小人がいる話と同じだと思う」(5)と、これに厳しく反論しています。

その内容は、ニューロン単位であってもクラスター単位であっても、それらを結びつけるためには何らかの手段を持つ必要がある、同時に発火していることが結びつけの理由ならば、同時発火が検知できなければ結びつけられるわけはない、観察していて同時だったというのは、単なる観察であり、「同時」が把握できる構造がなければアーキテクチャ（しくみ）とはいえない、というシンプルで明快なものです。

この見解の違いの背景には、自然科学者である茂木氏と工学者である天外氏の立場の違いがあるとしても、天外氏は「システム屋」としてこれらについては妥協できないと主張しています。

読者である私からみても、天外氏の説明の方が納得できます。「発火」が集合することで結びつけが成立し、意識が自動的に立ち上がるとの説は、根拠が不明確であまりに飛躍が過ぎると感じられるからです。茂木氏も、その説の強引さを感じていたのかもしれません。議論の最後は「天外さんからの批判は、ゆっくり検討してみたいと思います」と引き取り、それに加えて脳研究のあり方について、研究者としての逡巡《しゅんじゅん》を吐露しているのです。

それは、「二元論」と「随伴現象説」が、究極のところ、どちらが正しいかということです。「随伴現象説」とは、心というのは脳の中の物質的な過程に伴って生じる現象にすぎず、何の能動的な役割も果たさないという考え方であり、「二元論」に基づく仮説です。つまり、茂木氏は一元論と二元論とどちらが正しいのか判断がついていないというのです。

茂木氏の逡巡の内幕は、次のとおりです。

「随伴現象説」は、極端な捉え方をすれば、心があってもなくても同じということを意味しています。

ここで、アメリカの哲学者チャーマーズが唱える、人間と全く同じ機能を示すゾンビというものを考えます。ゾンビというのは、薬物により仮死状態に陥った人を呼ぶ名称ですが、チャーマーズのゾンビは人間ではなく、しかし人間そっくりの存在で、人間と全く同じ振る舞いをして人間と区別のつかない受け答えをします。

ところが、このゾンビには心がないというのです。現代の脳科学の通説である随伴現象説では、心があってもなくても同じなので、ゾンビの存在の可能性は否定できません。われわれ人間すべてがゾンビであった可能性もあるのです。けれども私たちは、ゾンビではなく心を持っている、それはなぜなのか。「随伴現象説」ではこれに答えることができないというのです。

一方の対立軸である「二元論」では、心は能動的な役割を果たします。心があるかないかによって脳の振る舞いが変化し、心が脳を制御していると考えます。ニュートン以来の機械論的な自然観からすると受け入れ難い考え方ではあるというのですが、見方を変えれば合理的です。なぜなら、心の存在理由が説明可能となるからです。しかし、現在の脳科学では受け入れにくいとの現実があります。心と脳は別物であるとすれば、脳がなくても心は存在するという結論になってしまうからです。これは、現代科学においてはあり得ない立場なのだというのです。

茂木氏は、そうはいっても二元論的な立場が自然であることを無視できず、これらを対立させずにうまく融合していくことで、これらの矛盾点や対立点を越えた新しい見方が必要であるとして、次のように述べています。

「いま、もし『二元論』が正しいとして、心が脳を実際に動かしているとします。では、心が脳を動かしているところを客観的な立場で見たら、どういうことになるか。あくまでも脳は物質で出来ているのですから、心が脳を動かすということは、物質がある動き方をするということになります。でも、それを客観的にみた場合には、物質が動いているということはそれに対応する力の場が存在するということですから、客観的に見た場合には、力の場が存在し、それに伴ってニューロンを構成している粒子が動いている、普通の自然科学とまったく同じ記述の仕方ができるわけです」(5)(傍点筆者加筆)

これは、本書の結論「エンディング・ワールド」にも直結している、大変重要な観点です。茂木氏が述べているのは、「場」が脳と結びつき、その脳の制御によって人間は物質世界で活動をしているのではないかということです。ここで述べている「力の場」こそが、「意識・精神の場」である「エンディング・ワールド」とピタリと一致するのです。

茂木氏は、対談の終わりで次のように述べています。

「僕はいま『随伴現象説』に従って一生懸命やっていますけど、ひょっとすると全部チャラじゃないかって思うときがあるんです。ひょっとしたら、根本的な考え違いをしているんじゃないかなと思うことがよくあります」(5)

二元論としての「エンディング・ワールド」の存在を想定することが許されない現代科学は、今、限界点に達している、意識は物質世界のみで成立しているとの一元論を大前提とする脳科学は、今、袋小路に迷い込み、ブレイクスルーを求めている、そういうことではないでしょうか。この状況で、「エンディング・ワールド」モデルこそがブレイクスルーの糸口になる、私はそう考えています。

物理学者の哲学的世界観

物質の究極の姿が波であることは再三ふれてきましたが、これは量子力学の理論により明らかにされたものです。その量子力学の基本となる方程式があります。オーストリアの物理学者エルヴィン・シュレーディンガーにより見出されたことから「シュレーディンガー方程式」[**]といいます。この方程式は、物質がどんな形の波を持ち、その波が時間の経過とともにどのように伝わっていくのかが計算できる「波動関数」と呼ばれるものですが、特徴的なのは、虚数を含んでいることです。

虚数とは、二乗してマイナス1になる数字、つまりルートマイナス1のことであり、数学上作られた数字、想像上の数字だということで、imaginary（＝想像上の）の頭文字から、iで表されます。事実、数学で使われる「数直線」上に虚数を示すことはできません。つまり、この世界の次元には存在しない数字ということです。ところが、物質が波の特性を持っていることを表すための方程式には欠かすことのできない要素として含まれているのです。

私は、この世には存在しない数字という「虚数」に惹きつけられました。推測ですが、虚数こそは「内蔵秩序世界の数字」なのではないかと考えたのです。

虚数が生み出されたのは、答えのない問題に答えを与えるためでした(24)。ルートマイナス1が存在することで、答えを導くことができるケースが多々あったのです。

虚数が生まれた十六世紀ごろは、虚数は目の前の問題を都合良く理解するためだけの詭《き》弁《べん》的なものと考えられていました。ところが、その後に発展した数学においては、虚数はなくてはならないものとなり、現代においては、電子工学における信号処理、制御理論の記述などで不可欠の概念になっているといいます。

想像上の数字といわれながら、この物質世界になくてはならない数字が虚数です。

その虚数と同じようなポジションにあると予測される世界、それが内蔵秩序世界です。

私は、虚数と内蔵秩序世界の「必要だけども物質世界にない」という共通点に注目したのです。そして、数学の法則と物質を表す物理学の数式に不思議な一致が存在する実例があること知り、虚数は内蔵秩序世界と物質世界とを結ぶ役割を持った数字ではないか、確信的にそう考えるに至りました。

この波動方程式を見出した物理学者エルヴィン・シュレーディンガーは、なぜ方程式に虚数を導入したのでしょうか。数学的素養に欠ける私にはまったく判りません。しかし、ヒントはありました。

シュレーディンガーは、一九四四年、物理学研究の第一線から退いてアイルランドのダブリンで隠遁《いんとん》生活を送っていた際に、一般市民向けに行った講義録をもとに[25]「生命とは何か」を発表しました。二十世紀中盤にさしかかる時代で、その世紀の初頭においてほぼ同時期に見出された相対論・量子論によって物理学は大きく前進しましたが、生物学は、生命を司る遺伝子であるＤＮＡの正体をまだつかみきれずにいました。

生命現象に深い興味を持っていたシュレーディンガーは、この著作の中で、物理学者の視点から、生命現象もまた物理学あるいは化学の法則に基づいて、ことごとく説明されるであろうと総括的に予言したのでした。後に、ＤＮＡのらせん構造解析でノーベル医学生理学賞を受賞することになるジェームス・ワトソン、フランシス・クリック、モールス・

ウィルキンズの三人は、それぞれこの本の内容に大きな影響を受けて研究を進めたといわれています。その意味でも、この「生命とは何か」は、発刊十年後に確立されることになる分子生物学の進むべき基本路線を示すという大きな役割を果たした歴史的意義の高い名著ですが、その内容をひもとくと、そこには哲学的論考が内包されています。

量子論の、いわば創始者ともいえる希代の物理学者シュレーディンガーは、著書の最後に自身の哲学的見解をはっきりと付け加えています。それは次のような内容です。
・人間一人一人にそれぞれ一つ一つの自我・意識が存在するという、一般的に当たり前に考えられていることは正しくない。
・統合失調症や二重人格などの精神病理学的なケースからも明らかなように、自我の意識というものは二つの人格が同時に現れることはなく、この事実からみて、自我はこの世界でただ一つだけが存在する。
・人間一人一人にそれぞれ一つ一つの自我・意識が存在するように見えるのは、この一つのものの現す一連の異なる姿に他ならないものである。
・それでは、自分自身の経験と記憶の総和が他人のものと歴然と区別がつくということをはっきり感じる「私」とは、いったい何なのか。
・それは、個々の「経験と記憶」という単独データが収録されているキャンバスのようなものにすぎない。
・いかなる場合でも、自分自身の存在が失ってしまったことを嘆くことはあり得ない。
そんなことは永久にないだろう。

この世の中に存在する意識はただ一つしかなく、われわれが一人一人個別に画然と存在していると信じている自我は、一時的なデータの格納場所にすぎない、唯一の意識は永遠に存在するのであるから、自分自身が消え去ることもない、という内容です。

シュレーディンガーは、若いころにドイツの哲学者アルトゥル・ショーペンハウアーの著書に出合ったことから、民族宗教であるヒンドゥー教のヴェーダーンタ哲学に生涯を通じて深い興味を示していたそうです。ヴェーダーンタ哲学とは、紀元前三世紀ごろ起こった学派であり、「梵《ぼん》我《が》一如《いちにょ》」の思想を体系づけた哲学であるといいます。簡単にいうと、「梵」とは世の中における唯一の「本質」のことで、それは同時に「我（自我）」と同じものである、つまり意識は世の中に唯一つしか存在しないということであり、シュレーディンガーもこれに沿った見解を示しているのです。

物理学者が示したこの哲学的見解に対して、一般的には、彼が神秘主義に偏向している故の結果であると受け止められているのが実際のようです。しかし、それだけで片付けてしまってよい話なのでしょうか。

シュレーディンガーの波動方程式は、不思議な振る舞いをする物質の粒子をどうやって数学的に表したらいいか、さんざん検討された揚げ句に生み出されたものですが、なぜ「虚数」を導入したのか、理由は明らかではありません。シュレーディンガーは、その検討・思索の過程において、深い興味を覚え感得したヴェーダーンタ哲学の思想も動員して学問的格闘をしたのだと考えられます。そのとき、おそらくはヴェーダーンタ哲学の世界観が何らかのインスピレーションを与えることで虚数の導入が為され、波動方程式の完成にこぎつけることができたのではないでしょうか。

推論にすぎませんが、シュレーディンガーの方程式は、ヴェーダーンタ哲学の影響を受けたことにより生み出された可能性もあるのです。すなわち、哲学の影響によって生み出された可能性のあるシュレーディンガーの方程式は、この世界の物理法則を正しく表しているという事実があって、そのことに基づけば、この哲学の世界観は、科学的にみても妥当性を持っている可能性があるのではないかということです。

シュレーディンガーは、一九五八年に人間の精神の解明をテーマとした著書「精神と物質」を発表し、その中で「人格は個体の内部に見出しうるか」との問いを立てて、次のように答えています。

「意識的な精神そのものは、構造物の中では異物とされ、納まる場所がなく、空間のどこにもそれを配置できないというわけです。通常、私たちはこの実情を実感してはおりません。なぜなら、私たちは人間の人格を、また動物の個性も同様に、それぞれの個体の内部に置いて考えているからです。それが実際のところ個体の内部には見出し得ないと知るのは、まことに驚くべきことなのですから、そこで疑いやためらいが生じ、これを認めるのが嫌になってしまうのです。私たちは意識的な人格を、人間の顔の内部――目と目の中間点から内部に数インチのところと言うべきかもしれません――に置いて考えるのに慣れてしまっております」(26)

精神、つまり意識は、物質世界の空間のどこにも存在しないと述べているのです。「精神と物質」は一九五八年に発表されました。シュレーディンガー七十一歳の時です。内蔵秩序世界の存在を唱えたデヴィッド・ボームは四十一歳でした。量子力学に深く関わったボームは、シュレーディンガーの影響も受けていたのかもしれません。

これまでご説明してきたように、「エンディング・ワールド」モデルは物質世界における多くの事象を合理的に説明することができる仮説です。一方の、この世の中には物質世界しかあり得ないとする一元論では、どんな現象に対しても、多少不合理な状況が生じたとしてもあくまで物理的なものとして強引に整理し、物理的に説明できないことについては「あり得ないこと」「幻覚」「偶然」として片付け、理屈を示すことはできません。

すでに述べたように、科学は科学者集団の信念に基づいて、そのあり方が決定されています。そこには、社会的な立場を確保しなければならない人間的な事情も影響していることは想像に難くありません。

私たちは、そんな科学の事情とは一歩離れて、科学がいまだに到達できない領域に真実がある可能性に心を委ねることも大切だと思います。それによって私たちは、いなくなってしまった大切なひとがエンディング・ワールドで意識体として生き続けている、そんな新たな安心感を得ることができるのです。

＊クオリア
「クオリア」とはラテン語に由来した言葉であり、われわれが日常、何げなく感じているすべての「質感」を意味し、茂木氏はこの「クオリア」を心脳問題解明の鍵になるとしている。

**シュレーディンガー方程式

i×h／2π×∂ψ／∂t=Hψ
i＝虚数、H=ハミルトニアン
ψ=波動関数、∂=微分記号

***数学の法則と物質を表す物理学の数式に不思議な一致が存在する実例

「リーマン予想」と呼ばれる有名な数学の難題から導かれた式と、物質の実態が一致したという実例。この難題は、規則性がないようにみえる素数の出現のあり方を出発点とする研究であるが、試行錯誤の末導かれた「ゼータ関数の零点の位置の規則性」を表す式が、ウランなどの重元素の原子核のエネルギー変化を示す式と同一であったという事実を指す。

**クリプトン原子

クリプトン（英: krypton）は原子番号の元素。元素記号はKr。希ガス元素の一つ。

終章　生きてゆくために

二〇一一年三月十一日金曜日、私は会社員として単身赴任している北海道・札幌市の職場にいました。十四時四十六分、突然建物がゆっくり揺れ出しました。強い揺れではありませんでしたが、二階建ての建物のわりには大きく、うねるように長く揺れ続けました。

「これは大きい。どこかで大きな地震が起こっている。宮城県に違いない」

この時から六年前、私は当時仕事をしていた仙台市に縁あって自宅を構えており、家族は仙台にいたのです。仙台では数日前にも比較的大きな地震が発生していました。

私は地震に揺られながら、すぐに妻の携帯に電話をかけました。しかし、その時点で、電話はすでにつながりませんでした。いったいどれくらいの地震が起きたのか。私は三分以上程度は続いたと思われる揺れが収まると、職場の食堂にあるテレビをつけました。

予想は的中していました。宮城県沖を震源とする巨大地震が発生していたのです。テレビの中継には、東京の九段下やお台場なども混じっていました。その時は、地震の被害を受けた地域が東日本全域に及んでいたことがよくわからず、なぜ東京まで中継されるのかが理解できませんでした。

太平洋沿岸では大津波警報が発令されており、津波の高さは三メートルと予想されていました。大変なことになると思いました。津波とは海面全体が上昇する現象であり、とてつもないエネルギーをはらんでいます。私は、一九九三年に奥尻島で津波被害があったときも、札幌が勤務地でした。奥尻島に面した海岸一帯は、しばしばキャンプや魚釣りに出かけていた所でもあり、その当時、すでに津波の力に衝撃を受けていました。その際、数センチでさえも人命を奪う津波の恐ろしさを思い知らされていたのです。

テレビニュースはその後、さらに厳しい状況を伝えました。津波の到達予想波高を十メートルに訂正したのです。尋常な話ではありません。いったいどうなってしまうのか、まったく想像もつきませんでした。

札幌のテレビは、道内と東北各地のまだ静かな港を映し出していました。そのテレビを一緒に見ていた職場の一人がつぶやきました。

「これで来なかったら、津波警報も信じられなくなっちゃうね」

そうあってほしいと思いましたが、十メートルに訂正された津波が来ないとはとても考えられませんでした。私は、時折、まだ妻につながらない電話を入れながら、固唾《かたず》をのんでテレビの画面を注視していました。

NHKテレビが港の異常を映したのは、釜石港の様子でした。はじめはゆっくりと、岸壁を越えた海水がひたひたと市場のように見える建物を浸していきます。海水は見る間に増水し、港に置かれていた車やコンテナが波に運ばれて彷徨い出します。その後、あっという間に水かさと勢いが増し、海からの水の流れが浮かんで漂う乗用車を、防潮提と思われる壁から陸側へごろごろと流し込んでいました。画面には人影は見られませんでしたが、人が乗っている可能性もあるはずでした。私は心の中で「車に人はいないんだよな。もう避難したんだよな」と祈るようにつぶやいていました。しかし現実には、多くの人が車の中にいたのでしょう。思い返しても大変な状況でした。

津波にのまれる釜石の様子に、ただただ呆然と見入っていた十五時四十分ごろ、農業用のビニールハウスをなぎ倒して仙台平野を走る大津波の中継が飛び込んできました。愕然とする情景でした。仙台在勤時に仕事で行き来していたあの道路が、家族で釣りに行った名取川の河口が、閖上《ゆりあげ》地区が、まだ多くの人が避難中であるにもかかわらず、大津波の激流に飲み込まれていました。巻き込まれる乗用車が思いのほか、小さく見えたので、真に巨大津波であることが理解できました。私の妻はちょうどこの時間、三女と一緒に所用でこの平野を南に向かって車で走っているはずでした。何度かけても携帯電話はつながりません。懸命に呼び出しを繰り返す私の足は、ガクガクと震えていました。

けれども、私にとっては幸いなことに、家族は全員無事でした。津波は、妻が走った道路の手前二キロメートルのところで止まってくれていたのです。

しかし、あの地震による大津波は二万人近くにも及ぶ人々の命を奪っていきました。なんということでしょうか。昨日までは皆、普通に暮らしていたのです。いつもと同じように明日は来るはずでした。うれしいときも悲しいときも、いつも一緒に過ごした家族が突然いなくなってしまうということ。これほど耐え難いことは他にないと私は思います。そんなとてつもない事態に立ち向かわなければならなくなった多くの人々が、今、苦しみと闘っている、それが現実に起こっていることです。

　私たちは人の死を考えるとき、自分の死も自分以外の人の死も一緒にして考える傾向があります。しかし、人の死には「人称」が存在するのです(27)。

「三人称」の死は他人の死です。他人の交通事故死のニュースを見ても、私たちは夜眠れなくなることはありません。

「一人称の死」は、自分の死を指します。事故などの瞬間や予後不良の疾病に見舞われたとき、自ら向き合わなければならない死です。

　そして「二人称の死」は、肉親や恋人など、大切なひとの死をいいます。つらく厳しい試練であり、当事者にとっては心の負担の極めて大きい死といえます。

　これら「死の人称」は、それぞれ全く異質なものですが、私たちが直接的に大きな負担を感じ、乗り越えなければならないのが、一人称の死であり、二人称の死なのです。

「いっそ自分が死ねばよかった」

大切なひとを喪ったとき、多くの人が感じることです。それは、自分の死は、自分で受け入れることができるからです。けれども二人称の死は、生きていてほしい大切な人の死であり、受け入れることができません。それゆえ、二人称の死は、人に最も大きな哀《かな》しみを与える死です。生きていてくれたら……そう考える度に、さらに深い哀しみが襲ってきます。食欲もなく、仕事も手につかず、哀しみの闇に包まれてただ過ごす日々。それは無理もないことです。

けれども、私たちは生きてゆかなければなりません。どんな厳しい状況におかれても、与えられた命を生きてゆく、それが人間の宿命だと私は思います。大切な人を想い出し、泣けてしまうときは思い切り泣き、叫びたいときには思い切り叫び、自分の中にある悪露はすべて外に出しきって、生きてゆかなければならないのです。先に逝った人の分まで、生きて、生き抜くことが遺された者の使命だと思います

生き抜くことの大変さと、それでも生き抜くことの大きな意義を、さらに壮絶な人生で教えてくれた人がいます。重度の身体障害者として十六年間を生きた臼田輝《ひかる》さんです。

私は、朝日新聞に掲載された記事で、輝さんのことを知りました。輝さんは、一九九四年四月、一歳の誕生日直前の事故で、重篤な身体障害を抱えることとなりました。寝たき

りの生活の中で、肺炎、脱臼、激症肝炎など、数々の困難と向き合い乗り越えてきましたが、自分の意思で筋肉を自由に動かすことができないため、座っていることも言葉を発することもできませんでした。一般的には、このように幼少から重い障害を持つ人は言葉を理解できないと考えられていたそうです。けれども輝さんの母親は、自分たちの話を聞いている輝さんの目が時折輝きを増す瞬間があると感じていたことから、そんなことはないと思っていました。

輝さんが言葉の世界を持っていたことが明らかになったのは、中学一年生の時、國學院大學人間開発学部・柴田保之教授のサポートによってのことでした。身体障害者用の文字入力ソフトを改良した機器を使って、五十音を読み上げる音声を聞きながら、選びたい文字のところでスイッチを動かし、文字を繋いでいく方法です。柴田教授も、当初は輝さんの動きが微細なため、なかなか確実な意図的反応を読みとれませんでしたが、訓練の回数を重ねるうちに輝さんの動きの特徴をつかみ、言葉を導き出すことができるようになりました。

それにしても驚かされるのは、明らかになった輝さんの言葉の世界(28)の大きさと深さ、そして「とぎすまされた」輝きです。


「せかいからせんそうがずっととだえて　てきみかたきめずに　くらしてゆけたらいいの

に」

初めて導き出された輝さんの言葉の一部です。それまでの十三年間、自分の言葉を発することができず、内なる世界でどれだけの思いを巡らせてきたのか、想像を超えるものがあります。柴田教授もご両親も、その大きく深い世界観に驚かされました。

「あめつちひろく　よきしらせがひろめられ　きりのないあらそいごと　このよのなかからきえるようにねがう　かんどうとにんたいをもってきたいしていれば　きっといつかきたいどおりになるとしんじていこう」

言葉で意思を伝えることができない厳しい世界、そこで耐えるということ、私たちにはとても判らないことです。

これらの輝さんの言葉は、実に鋭く研ぎ澄まされています。そのことについて、輝さんは次のように説明してくれます。

「何もするわけでもなくただじっとことばだけをつかっていきてきた　しかもそのことば

をだれにもはなさずにいきてきたので　のんふぃくしょんのどらまのようなせかいを　すごしてきた　だから　どらまよりも　すさまじいたいけんをしてきた　だから　ことばがとぎすまされてくるのは　あたりまえのことなのです」

一人の人間が生きているということ、そのことの重さを思い知らされます。ご両親と多くの支援してくれる人たちの力で、ただ日々を長らえているのではないのです。さまざまな経験と情報によって、厳しいながらも、これだけの豊かな「意識」生活を生きているのです。

「くなん　それはきぼうへのすいろです　けっしてあきらめてはいけないということをおしえてくれます　てのなかに　うつくしいていねんをにぎりしめて　いきていこうとおもう　うつくしいていねんは　しんじつそのものです　くるしみのなかで　ひかりかがやいていいます　てのなかにあるしんじつはさいわいそのものです　のぞめばいつでもてにはいりますが　だれもこのことはしりません　なぜならにんげんは　つねにらくなみちのほうをこのむからです　いきるというのは　くなんとなかよくしてゆくことなのです」

これは輝さんが亡くなる八カ月前のものです。長い人生を生き抜いた賢者が語る言葉と、違いがあるでしょうか。人間は苦難とともにあるもの、とても普通の十五歳の少年が到達できる結論ではありません。輝さんはその「すさまじい」人生において、普通の人よりも多く苦しみ、悩み、悟るという濃密な時間を過ごしたに違いありません。そのなかで諦めの気持ちを示す「諦念」が、真理を悟る「諦念」へと昇華したのだと思います。

「しあわせのいみを　きぼうのなかにさがすのではなく　ひとりひとりのいきかたのなかに　みいだしていかなくてはならない　きぼうのいみがかわってしまっても　いいきぼうはかわらずにそこにある　たとえ　しは　ししのようにおそいかかってくるかもしれないが　ちいさいぼくは　ひとり　くとうをつず《ママ》けていくつもりです　にんげんとしてのきぼうをかなえるために　ちいさいぼくと　ちいさいねがいしかたずさえずに」

「死」の影を感じていたのでしょうか。輝さんはこの言葉を発した約四カ月後に、前触れもなく、突然旅立ってしまいました。苦闘十六年、大変な時間を過ごしてこられたのだと思います。けれども、日々の逆境を、ご両親の深い愛情と多くの人の献心で実り豊かに生き抜き、とてつもなく心を大きく育てて旅立ったのだと思います。

「人間は生まれ変わる」とする輪廻転生についても、「エンディング・ワールド」モデルで説明が可能です。エンディング・ワールドに漂うサクランボ球（意識体）が、物質世界で新たに生まれる肉体と結びつくことで、同じ意識が物質世界では再び別の肉体を持つことになり、催眠療法などで過去生の記憶が表出し、「生まれ変わり」と認識されることになります。

この「生まれ変わり」説を「この世は魂の修行の場であり、人生の目的は魂の成長である」として支持する先出の飯田史彦氏は、人は生まれ変わる際、意識世界（エンディング・ワールド）で指導役の立場にある意識体と相談して、どのような人物に生まれ変わるか計画を立てるといいます。そのとき、魂がより成長できる状況が選択されることから、物質世界での修行が進んでいる意識体ほど、より困難な状況が選択されることになるそうです。このことが意味するのは、この物質世界でより大変な状況で懸命に生きている人は、魂の成長度合いが高いということです。つまり、この考え方を前提とすると、輝さんのような人生を歩んだ人の魂のレベルは非常に高いといえるのです。図らずも、輝さんの数々の言葉はそのことを証明しているように思えてなりません。

私はかねてから、早世する人は、心の完成度が高い人が多いのではないかと感じていました。「善人早死、憎まれ子世にはばかる」という説です。この説はかなり当たっていると思っています。私の家族では、父も姉も、そう言えます。あなたの大切なひとも、きっとそうだと思います。輝さんもそうでした。

人間は苦難とともにあるもの、苦難と上手に付き合いながら生きてゆくもの、輝さんはそう教えてくれました。この物質世界で、理不尽ともいえる苦難を経験し、普通の人よりも早く人生を終える人は、その役割と目的を全うし、魂のレベルを大きく高めて「エンディング・ワールド」へ還《かえ》っていくのです。決して、ただ理不尽に、無意味な死を迎えたのではありません。あなたにとっての深い哀しみと大きな試練を通して、あなたに成長の機会を遺してくれたのです。そして、生きて、生きて、生き抜いて、最期を迎えたとき、あなたは「エンディング・ワールド」で大切なひとと再び会うことができるのです。


私の姉の遺言を、憶い出してください。

「死は人生の中で一番の試練。苦しいし恐ろしい。生きていれば、過ちを反省し繰り返さないこともできる。けれども、死んでしまっては後悔してもどうにもならない。私の死は、皆につらい試練を与えるけれども、これを乗り越えてがんばって生きてほしい。一つ一つ試練を乗り越えてゆけば、最後の試練、すなわち死を乗り越えた時、素晴らしい世界が待っている」

その「素晴らしい世界」こそが「エンディング・ワールド」です。今、輝さんは、エンディング・ワールドで波動情報に基づく思い通りの「イメージ」と「音」の世界で穏やかに過ごしていることと思います。輝さんのご両親も同じことをおっしゃっていました。それは、苦難の人生を共に歩まれた肉親の実感として理解できるのだと思います。私の姉も父も、そしてあなたの大切なひとも同じです。苦しかった最期のときを乗り越えて、自由なイメージと音の世界で安らかに過ごしているに違いありません。
私たちはいずれ、例外なく必ず命の終わりを迎えます。正確に言えば、肉体の寿命を迎えるということです。これを避けることはできません。私たちに与えられた人生の目的が、自分の心、魂の成長にあるとすれば、肉体の寿命を終えたとき、自分の生き方に満足できなければ後悔してしまうことになります。だから、今のこの人生を大切にし、この物質世界で出合うあらゆる苦難を乗り越え、あるいは課題に挑戦し、生きて、生きて、生き抜かなければならないと、私は思います。

「人生で大事なものはたった一つ。心です」

これは、私が敬愛する映画俳優・高倉健氏の言葉(29)ですが、真理だと思います。どんなに地位や名誉、財産を築き上げたとしても、それらは一切持っていくことはできません。エンディング・ワールドへ持っていけるもの、それはたった一つ、心なのです。

今を生きている私たちが、生きて、生きて、生き抜いて、肉体の寿命を迎えたとき、私たちは自分の心の成長をおみやげにして、エンディング・ワールドへ還っていくのです。

私たちは人間という形で命を授かり、この世に生まれてきました。「生きる」という宿命を与えられた人間として、多くの愛情に支えられながら、一方では多くの苦難と向き合いながら心を豊かに育てていくこと、このことこそが私たち人間に与えられた使命ではないでしょうか。


いつも心から安息できない、悲しみと苦しみの最中、本書を最後まで読んでくださったあなたのこころが、わずかでも希望と安心を感じていただければと願ってやみません。

あなたが今の悲しみと苦しみを乗り越え、生きて、生きて、生き抜いた後《のち》、喜びに満ちた心で、あなたの大切なひととエンディング・ワールドで再会されることを、心よりお祈りしています。

●参考文献・出典

1 「臨死体験」上下巻 立花 隆 文藝春秋
2 「全体性と内蔵秩序」 デヴィッド・ボーム 青土社
3 「なぜそれは起こるのか」 喰代栄一 サンマーク出版
4 「臨床ユング心理学入門」 山中康裕 PHP
5 「意識は科学で解き明かせるか」 天外伺朗／茂木健一郎 講談社
6 「バカの壁」 養老孟司 新潮社
7 「未来を開くあの世の科学」 天外伺朗 祥伝社
8 「ホーキングの最新宇宙論」 スティーヴン・W・ホーキング 日本放送出版協会
9 『「量子論」を楽しむ本』 佐藤勝彦 PHP
10 「フィールド　響き合う生命・意識・宇宙」 リン・マクタガード 河出書房新社
11 「生物と無生物のあいだ」 福岡伸一 講談社
12 「生きがいの創造」 飯田史彦 PHP
13 「生きがいの本質」 飯田史彦 PHP

14 「最新宇宙論を楽しむ本」 別冊宝島編 宝島社
15 「現象としての人間」 ピエール・テイヤール・ド・シャルダン みすず書房
16 「般若心経と最新宇宙論」 糸川英夫 青春出版社
17 「科学哲学のすすめ」 高橋昌一郎 丸善株式会社
18 「理性のゆらぎ」 青山圭秀 三五館
19 「20世紀は人間を幸福にしたか」 柳田邦男 講談社
20 「脳を究める」 立花 隆 朝日新聞社
21 「科学者とは何か」 村上陽一郎 新潮社
22 「ビッグバンには科学的根拠が何もなかった」 ジャン＝ピエール・プチ 徳間書店
23 「宇宙人ユミットからの手紙Ⅱ」 ジャン＝ピエール・プチ 徳間書店
24 「虚数がよくわかる」 ニュートン別冊 ニュートンプレス
25 「生命とは何か」 エルヴィン・シュレーディンガー 岩波書店
26 「精神と物質」 エルヴィン・シュレーディンガー 工作舎
27 「犠牲（サクリファイス）」 柳田邦男 文藝春秋
28 「輝（ひかる）―いのちの言葉―」 臼田 輝 愛育学園
29 「高倉健インタヴューズ」 野地秩嘉 プレジデント社

（参考TV番組）
30　NHKスペシャル「立花隆リポート『臨死体験』人は死ぬとき何を見るのか」
一九九一年三月十七日　日本放送協会
31　報道特集「盲ろう女子大生の挑戦」
二〇一三年五月十八日　東京放送
32　爆笑問題のニッポンの教養　file074「私はここにいる」（福島智教授編）
二〇〇九年六月七日　日本放送協会
33　スーパーテレビ情報最前線「異変・超能力を持つ子どもたち」
一九九四年十一月二十八日　日本テレビ放送網
34　解体新ショー「金縛り」編
二〇〇七年　七月二十一日　日本放送協会
35　知るを楽しむ／人生の歩き方「子どもの命みつめて～細谷亮太」
二〇〇八年七月十八日　日本放送協会
36　NHKスペシャル「亡き人との〝再会〟～被災地　三度目の夏に」
二〇一三年八月二十三日　日本放送協会

<著者紹介>

百木　薫（ももき　かおる）
1962年　秋田県角館町（現・仙北市）生まれ
1987年　帯広畜産大学畜産学部卒業
食品会社勤務
1994年、姉を突然の病気で亡くし、その理不尽さから、人はなぜ生まれてくるのか、死後も意識が残らなければ人がこの世に生まれくる意味が解らないと考え、その実態について、科学的観点からの研究究明に20年にわたって取り組む。
本書はその成果を、理不尽な要因で大切な人を喪ったり、家族や自らの余命を宣告されて苦しんでいる読者と共有し、「ほんとうの」世の中のしくみを理解することでその「理不尽を感じる心」を溶かして「グリーフ・ワーク（悲嘆の癒やし）」に繋がることを目指し、そこに想いを深めている。
亡くなった人の「想い出ビデオ」の制作にも取り組むなど、「グリーフ・ワーク」をテーマとした活動の本格化を目指している。

意識は消えない　大切なひとを喪ったあなたへ

2014年７月23日　初版第１刷発行

著　者　百木 薫
発行者　韮澤 潤一郎
発行所　株式会社 たま出版
〒160-0004 東京都新宿区四谷4－28－20
☎ 03-5369-3051（代表）
http://tamabook.com
振替　00130-5-94804

組　版　一企画
印刷所　株式会社エーヴィスシステムズ

ISBN978-4-8127-0372-4　C0011